eビジネス
新書

N 386

週刊東洋経済

会社とジェンダー

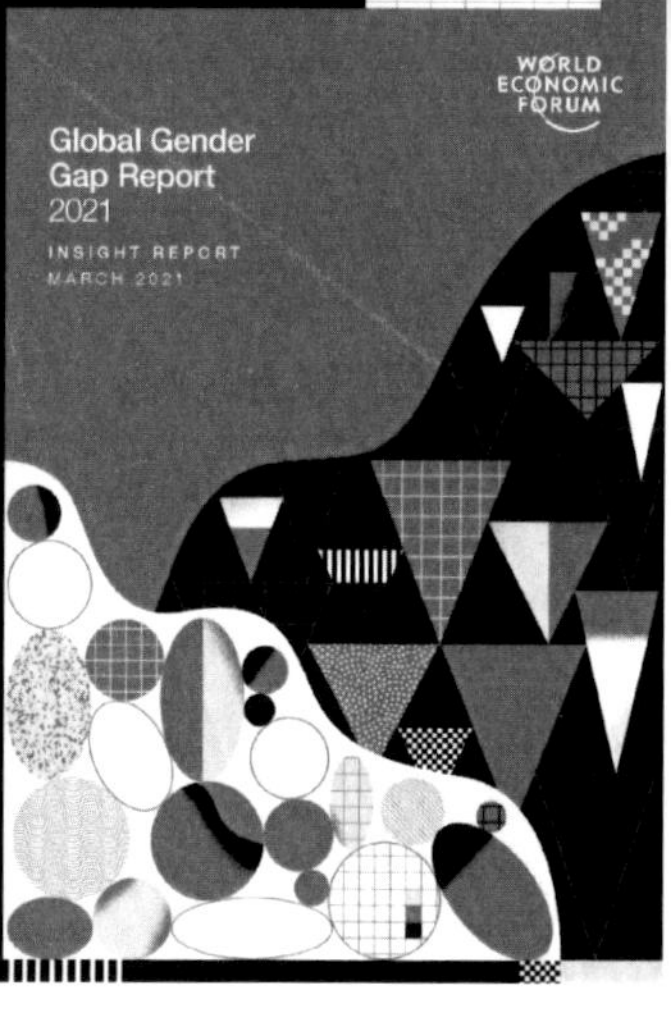

週刊東洋経済eビジネス新書　No.386

会社とジェンダー

本書は、東洋経済新報社刊『週刊東洋経済』2021年6月12日号より抜粋、加筆修正のうえ制作しています。情報は底本編集当時のものです。（標準読了時間　90分）

会社とジェンダー　目次

男女格差はこんなにも…

「ジェンダー」をめぐる大問題

「女性がたくさん入っている会議は時間がかかる」

森喜朗　東京五輪・パラリンピック大会組織委員会会長が女性への失言で辞任に追い込まれたのは2021年2月のこと。「(自分が属する) 組織委の女性はわきまえている」など一連の発言は、女性に対する偏見を浮き彫りにした。

森氏の発言は不適切である。だが一方で背筋が寒くなった世の男性もいたのではないか。日本社会にはさまざまな場面で不合理な「男女格差」が根強く残っている。にもかかわらず、そのことを男性側は十分認識していない。

生物学的な性差とは異なる、社会的・文化的な性差を「ジェンダー」と呼ぶ。3月に世界経済フォーラムが発表した「ジェンダーギャップ指数ランキング2021」で日本は120位だった。前年も121位で先進7カ国（G7）中では最下位。女性の社会的地位が低いとされるアフリカ諸国のほうが上を行く。

日本の順位が低かった要因は、政治の147位、経済の117位にある。日本において就業者に占める女性比率が44・5％なのに対し、管理職の女性比率は14・8％にすぎない。これが上場企業役員の女性比率だとわずか6・2％で、年齢が上になるほど女性の絶対数が少ない。国会議員や裁判官、医師でも、男性が多数を占める。

日本政府は2003年に「指導的地位に占める女性比率30％を20年までに達成する」と宣言。しかし実現には遠く、菅義偉内閣は20年12月、達成時期を「20年代早期」に先送りしてしまった。

1 男女格差

日本は政治・経済で男女格差が際立つ

2021年のジェンダーギャップ指数ランキング

順位（前年順位）	国名	スコア	政治順位	経済順位	教育順位	健康順位
1（1）	アイスランド	0.892	1	4	38	127
2（3）	フィンランド	0.861	2	13	1	79
3（2）	ノルウェー	0.849	3	20	33	126
4（6）	ニュージーランド	0.840	4	27	1	106
5（4）	スウェーデン	0.823	9	11	61	133
6（12）	ナミビア	0.809	19	19	34	1
7（9）	ルワンダ	0.805	6	48	115	63
8（33）	リトアニア	0.804	22	12	51	1
9（7）	アイルランド	0.800	11	43	48	119
10（18）	スイス	0.798	12	39	80	128
11（10）	ドイツ	0.796	10	62	55	75
16（15）	フランス	0.784	20	58	1	86
23（21）	英国	0.775	23	55	40	110
24（19）	カナダ	0.772	29	40	1	100
30（53）	米国	0.763	37	30	36	87
50（44）	オーストラリア	0.731	54	70	1	99
63（76）	イタリア	0.721	41	114	57	118
81（81）	ロシア	0.708	133	25	1	1
93（92）	ブラジル	0.695	108	89	37	1
102（108）	韓国	0.687	68	123	104	54
107（106）	中国	0.682	118	69	103	156
120（121）	**日本**	**0.656**	**147**	**117**	**92**	**65**

（注）スコアは1を男女平等、0を男女完全不平等とし、数値が大きいほど、男女格差の解消について評価が高い　（出所）世界経済フォーラム（WEF）

2 管理職

欧米アジアに比べ日本で女性管理職は少ない

就業者と管理的職業従事者に占める女性比率

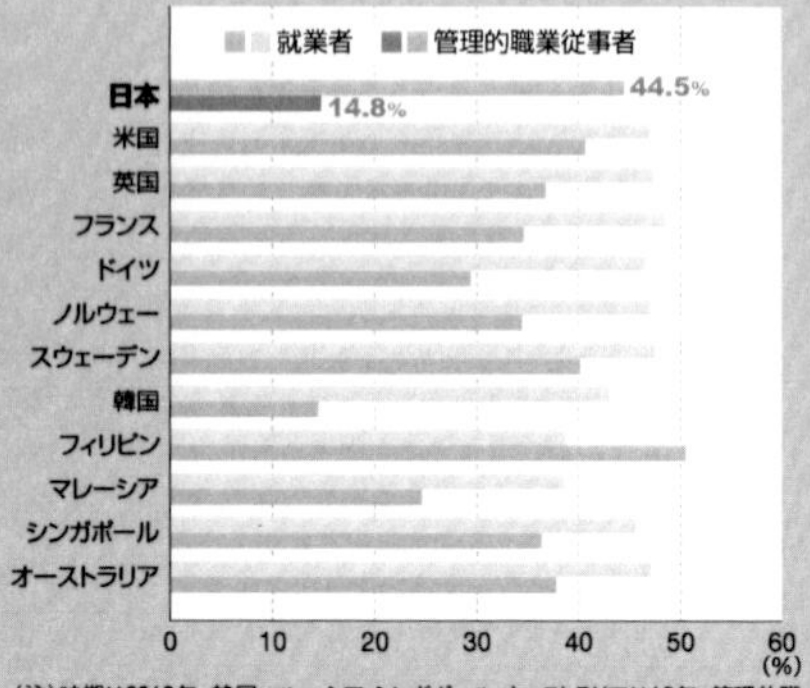

(注)時期は2019年。韓国・マレーシア・シンガポール・オーストラリアは18年。管理的職業従事者の定義は、日本が役員と課長相当職以上、ほかは国によって異なる
(出所)「労働力調査」(総務省)、「ILOSTAT」(国際労働機関)

3 役員

企業で女性役員はまだ10%未満

上場企業役員に占める女性比率の推移

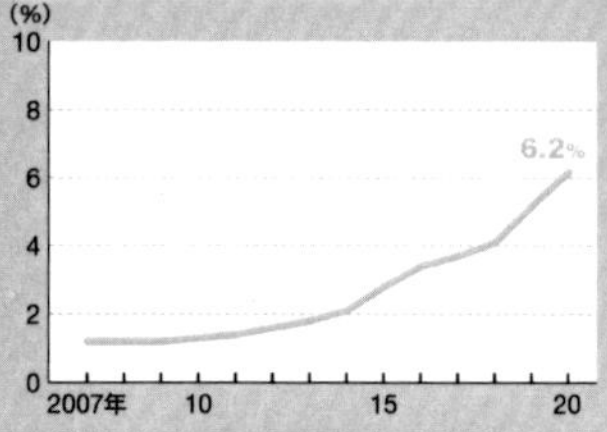

(注)役員には指名委員会等設置会社の代表執行役や執行役も含む　(出所)『役員四季報』(東洋経済)

4 職業

女性が比較的多いのは公務員と薬剤師

各分野の職業に占める女性比率

分野	職業	比率
政治	衆議院議員	9.9
	参議院議員	22.9
	国務大臣	9.5
	都道府県会議員	11.4
	都道府県知事	4.3
行政	国家公務員採用者（総合職試験）	35.4
	国家公務員（本省課室長相当職）	5.3
司法	裁判官	22.6
	弁護士	19.1
	検察官	25.4
	公認会計士	15.6
教育	小中高校教員（教頭以上）	18.6
	大学教員（学長や教授など）	17.2
	研究者	16.6
地方	警察官	10.2
	消防吏員	2.9
メディア	新聞記者	22.2
医療	医師	21.9
	歯科医師	23.8
	薬剤師	65.6

（単位：%）

（注）時期は2020年。都道府県会議員・国家公務員（本省課室長相当職）・裁判官・検察官・小中高校教員・大学教員・研究者・消防吏員は19年、医師・歯科医師・薬剤師は18年
（出所）内閣府男女共同参画局

女性が上に行けない理由

女性特有のライフイベントである妊娠・出産をきっかけに、女性社員を仕事の第一線から退かせてしまう企業が多い。男性社員の場合、管理職向け研修で選ばれやすいなど、育成面などで有利な実態も否定できない。

女性の就業者数は増加し続けているが、給与における男女の開きは依然大きい。男性の給与水準を100とした場合、女性の水準は正社員で76・6、非正規を含む一般労働者で74・3。これには男性のほうが女性より管理職が多い、勤続年数が長い、残業が多い、などの理由が挙げられる。

また非正規雇用から正規への移動率も、男性の32・3%に比べ、女性は18・7%と低い。非正規で最も多いのがパートであることから、女性がいったん非正規になると、正社員になるのは容易ではないとわかる。

5 給与　男性とは開きがある

男女間の所定内給与格差の推移

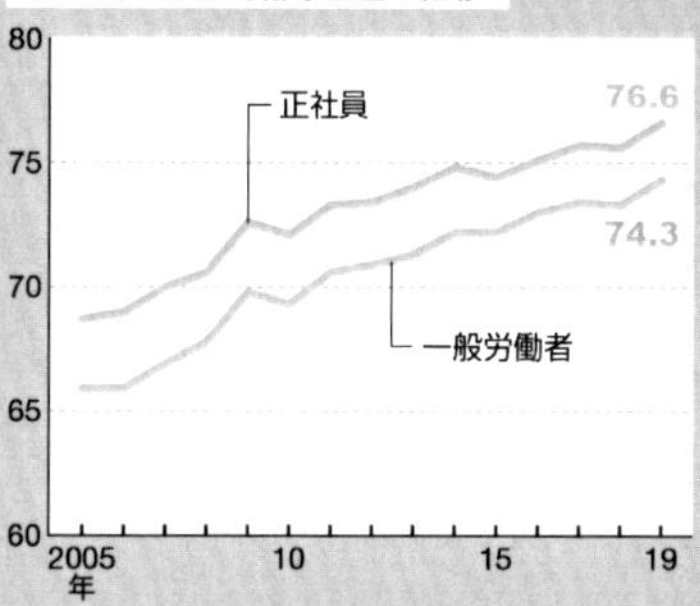

（注）男性を100とした場合の女性の給与水準
（出所）「賃金構造基本統計調査」（厚生労働省）

6 正社員　なかなか女性は正社員になれない

非正規雇用から正規雇用への移動率

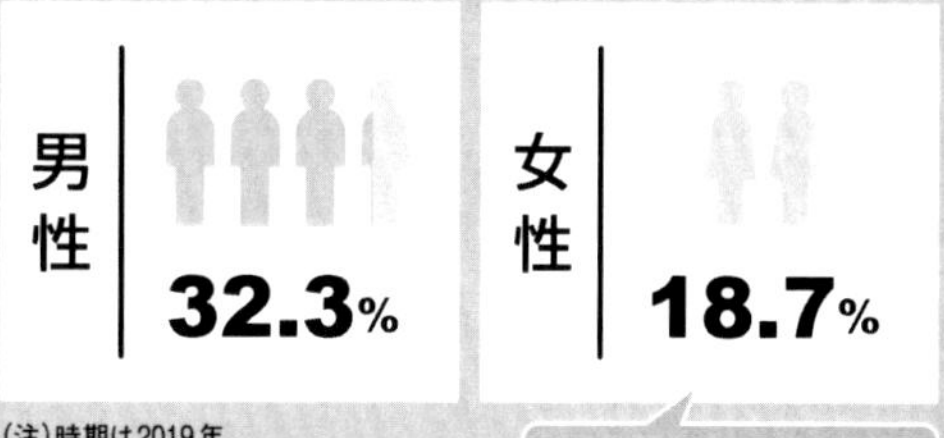

（注）時期は2019年
（出所）「労働力調査」（総務省）

女性雇用者に占める非正規の比率は56.0%に達するが…

共働き世帯が1200万世帯以上と、専業主婦世帯の倍以上に達する現代日本。女性の円滑な職場復帰や復帰後の戦力化を後押しするには、家事・育児など家庭内での女性の負担を減らすことが絶対条件だ。それには男性側のより一層の参加が欠かせない。

ただ現状は厳しい。育児の実施頻度を見ると、子どもに「食事をさせる」のは、妻が82・4%の一方、夫は33・5%。「おむつ交換」では妻が83・2%、夫は39・5%だ。妻の〝ワンオペ育児〟は日常化している。

男女間における役割の固定化は、幼少期から刷り込まれており、「男らしさ」「女らしさ」という古い価値観を変えるには、家庭や学校などあらゆる場での働きかけが必要だろう。女子学生比率（学部生で20年度19・5%）の拡大に力を入れる林香里・東京大学副学長は「リーダーを目指す女性に入学してもらい、ネットワークを生かし新しい社会をつくってもらいたい」と意気込む。

日本企業は長く閉塞感から抜け出せていない。労働力不足や低い生産性の解消、経営や事業への多様な視点など、女性の力は今後も欠かせない。ジェンダー平等の実現は日本経済が再成長するのに不可欠な要素なのだ。

（大野和幸）

ジェンダー問題を理解する必須ワード

ジェンダー

世の中から社会的・文化的に求められる役割の違いによる男女の性差を「ジェンダー」(Gender)と呼ぶ。生殖器や染色体による生物学的な性差の「セックス」(Sex)とは異なる。性自認や性的指向とも異なる概念だ。

LGBTQ

レズビアン、ゲイ、バイセクシュアル、トランスジェンダー、クエスチョニング(クィア)の性的少数者の総称。トランスジェンダーは出生時の性と自認する性が一致しない、クエスチョニングは性自認などが定まっていない人を指す。

ESG投資

Environment（環境）・Social（社会）・Governance（企業統治）の頭文字を取った造語で、近年の企業に対する投資の評価基準になっている。企業統治の要素には女性役員の有無なども含まれ、機関投資家も重視している指標の1つだ。

ダイバーシティとインクルージョン

ダイバーシティは「多様性」、インクルージョンは「包摂」を表す。性別や年齢、国籍、人種、宗教、身体的特徴など、さまざまな属性を持つ個人を認め合い、共存し、その人の個性や特徴に応じて活躍の場を与えること。

M字カーブ

女性の労働力人口比率を年齢別にグラフ化すると、30代が谷、20代前半と40代後半が山という、M字型のカーブを描く。女性が就職後、結婚や出産で退職し、育児が一段落した後で再び労働市場に戻る現象を表している。

マミートラック

子育てをしながら働く女性が、仕事の第一線から外れ補助的な業務を担うようになり、出世ルートとは異なる「マミー（お母さん）」向けコースに乗ってしまうこと。一度乗ると脱出は難しく、本人の労働意欲は冷却されていく。

アンコンシャス・バイアス

無意識の偏見。自分自身が気づかないうちに偏ったものの捉え方をしていること。その人の過去の経験や知識をベースに行動として表れる。昔からある「男らしさ」「女らしさ」などジェンダーに関連したバイアスも少なくない。

パタハラ

「パタニティーハラスメント」の略。パタニティーとは父性で、男性社員が父性を発揮する権利を、職場の上司や同僚に妨害されることを表す。育児休業を取ることに対し嫌がらせを受けたりするなど女性の場合はマタハラになる。

ジェンダー75年史・女性参政権から「森発言」まで

男女格差解消に向けた日本の歩みは遅い。これまでのジェンダーをめぐる国内外の事象を振り返る。

1945年12月：選挙法改正で女性参政権が実現、46年4月総選挙で39人の女性議員が誕生
1946年11月：日本国憲法が公布、1947年5月3日に施行（第14・24条で男女平等）
1957年 4月：売春防止法が施行
1967年11月：国際連合が女子差別撤廃宣言を採択
1972年12月：国連が75年を「国際婦人（女性）年」と宣言
1975年 6月：国連がメキシコで第1回世界女性会議を開催
1979年 5月：英国で初の女性首相、サッチャー首相が就任

同年12月：国連が女性差別撤廃条約を130カ国の賛成で採択、1981年9月に発効
1986年4月：男女雇用機会均等法が施行
同年7月：労働者派遣法が施行
同年9月：日本社会党で初の女性党首、土井たか子委員長が就任
1989年12月：新語・流行語大賞の金賞を「セクシャル・ハラスメント」が受賞
1990年6月：1989年の合計特殊出生率が1・57と発表、「1・57ショック」と呼ばれる
1992年4月：育児休業法が施行
1993年12月：パートタイム労働法が施行
1995年4月：改正育児・介護休業法が施行
1996年9月：母体保護法が施行
1999年4月：改正男女雇用機会均等法が施行、セクハラ防止規定を導入
同年6月：男女共同参画社会基本法が施行

２０００年１２月：京王電鉄が京王線で女性専用車両を設置
２００１年　１月：省庁再編に伴い、内閣府に男女共同参画局を設置
同年１０月：配偶者暴力（ＤＶ）防止法が施行
２００３年　６月：小泉純一郎内閣が「指導的地位の女性の比率３０％を２０年までに達成」を目標に
同年　７月：次世代育成支援対策推進法が施行（行動計画策定は０５年４月）
同年　９月：少子化社会対策基本法が施行
２０１０年：英国で女性役員比率３０％を目指す「３０％ Ｃｌｕｂ」が設立
２０１３年　２月：東京証券取引所と経済産業省が女性活躍推進に優れた企業を「なでしこ銘柄」と選定
２０１５年　４月：渋谷区が同性パートナーシップ条例を施行
同年　６月：日本取引所グループがコーポレートガバナンス・コードを適用し女性活躍促進を推奨
同年　９月：女性活躍推進法が施行（全面施行は１６年４月）

２０１６年　１月：国連が「持続可能な開発目標（ＳＤＧｓ）」を発効、ジェンダー平等も掲げる
２０１７年　７月：改正刑法が施行、強姦罪が強制性交等罪に変更、性犯罪は非親告罪化
同年１０月：米国発の「（ハッシュタグ）ＭｅＴｏｏ」運動が世界に拡散
２０１８年　５月：政治分野での男女共同参画推進法が施行
２０２０年　６月：パワハラ防止法が施行（大企業のみ、中小企業は２２年４月）
同年１２月：第５次男女共同参画基本計画で女性指導的地位３０％の目標を「２０年代早期」に先送り
２０２１年　２月：女性をめぐる失言で東京五輪・パラリンピック大会組織委員会会長の森喜朗氏が辞任

女性社外取締役ブームの舞台裏

会社の要として経営方針の決定や監督を行う役員が取締役だ。諸外国では、取締役に女性を就任させる動きが加速しており、北欧やフランスでは取締役の4割ほどが女性である。

対して日本では上場企業のうち約6割に当たる2286社は女性取締役がゼロ（「ESGオンライン」〈東洋経済〉調べ、2021年3月時点）。1人以上いる企業に関しても1部上場企業で取締役に占める女性比率は7％にすぎない。

〝女性登用後進国〟の日本だが、企業の間ではここ1～2年、社外から招く取締役である、社外取締役の女性候補の「獲得競争」が起こっている。

社外取の適任者を紹介しているボードアドバイザーズの佃秀昭社長は「最近は企業

からの問い合わせの7～8割が『女性の社外取候補を探してほしい』というものだ」と明かす。

背景にあるのが株式市場の要請だ。その急先鋒といえるのが、外資系の機関投資家。世界的なESG投資ブームで、ジェンダー格差の解消と取締役の多様性の確保が求められる中、「女性の取締役ゼロ」の企業に対し、株主総会で反対票を投じ始めたのである。

米ゴールドマン・サックス・アセット・マネジメントもその1つ。米国株に続き、2020年3月からは日本株を対象に、女性がいなければ指名委員会や経営トップ選任に反対票を投じることを表明。すでに伊藤園やオリンパスなど多数に反対票が投じられた。（後述、注）

ほかにも、米アライアンス・バーンスタインやステート・ストリート・グローバル・アドバイザーズなど、日本株を多く保有する投資家が同様の方針を掲げる。22年4月からはJPモルガン・アセット・マネジメントも代表取締役の選任に反対する予定だ。

こうした「外圧」を受けてか、この5年で女性取締役の数は倍増しており、15年7月末時点で636人だったのが、20年7月には1396人になった(『役員四季報』21年版、1人で複数社の取締役を兼任している場合はその都度1人としてカウント)。その内訳は8割が社外取。社内取締役は2割ほどで、5年でも108人しか増えていない。今の日本企業にとって、取締役に適任の女性をいきなり社内から抜擢するのは、ハードルが高いからだ。

弁護士、コンサル、元アナ

実際に選任されているのはどんな経歴の女性なのか。最も多いのが弁護士だ。他業界より女性の人材が多く、法的なアドバイスができる利点がある。現在4社の社外取に就く弁護士は「女性社外取を探している、という依頼を受けて弁護士の知人何人かに打診してみたところ、皆すでにどこかの社外取だった」と語る。

公認会計士や経営コンサルタントも人気。著名コンサルの岡島悦子氏は、ユーグレナの社内取に加え、丸井グループなど5社の社外取を兼任する。会計士の安田加奈氏も5社で兼任。上場企業の社外取の報酬は、年間で1社600万～1500万円が相場だ。

ほかにも「ダイバーシティ経営に知見があったり、ビジネス視点を持っていたりする研究者の需要が高い。発信力のある元アナウンサーも人気」(社外取の紹介サービスを展開するパソナJOB HUBの高木元義社長)という。

女性社外取締役には経営経験者が少ない

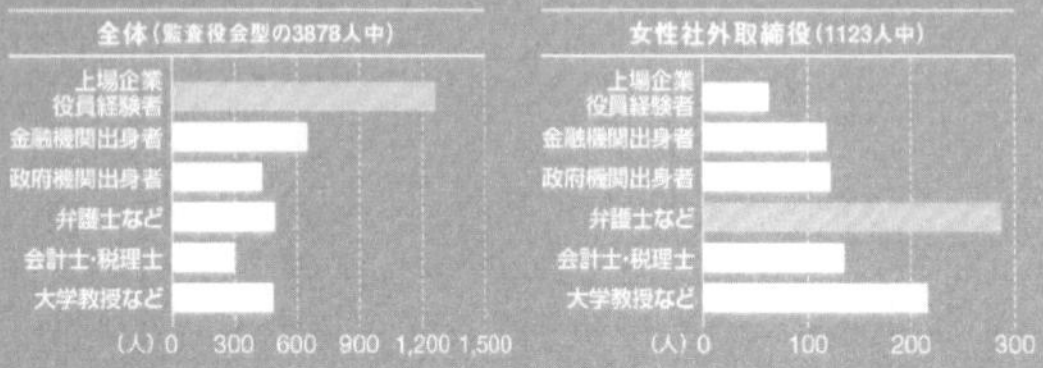

（注）2019年4月～20年3月決算の東証1部上場企業における集計。総会を延期した37社は除外
（出所）プロネッドの調査を基に東洋経済作成

俳優や元アナウンサーなどにも人気が集まる

就任	企業名	社外取締役氏名	主な肩書	選任理由
2021年6月（予定）	寿スピリッツ	好本 惠	元NHKアナウンサー	アナウンサーや大学講師としての豊富な経験・知見と女性ならではの視点
21年3月	不二家	酒井美紀	俳優	社会貢献活動と主婦の観点からの助言を期待
20年6月	SBI HD	竹内香苗	元TBSアナウンサー	女性の視点に立った経営戦略に関する高い知見
〃	十六銀行（ほか2社兼任）	伊藤聡子	元TBSキャスター	環境やエネルギー、地方創生などへの知見

（注）HDはホールディングスの略 （出所）「ESGオンライン」（東洋経済）を基に東洋経済作成。選任理由は各社の株主総会招集通知などを基に東洋経済作成

日本で女性取締役が増えるのは歓迎すべきだが、企業の安易な姿勢に疑問を感じる声も多い。

コンサル人材のマッチングサービスを展開するビザスクの端羽英子代表もその一人。20年3月に会社が上場するや、希少な女性経営者である端羽氏の元には、4社から社外取の打診があった。そのうち1社からは「(端羽氏のどんな知見が必要か、というより)『女性の社外取が欲しい』と率直に言われたことがあった」という。

ある女性研究者も「社外取の打診を受けた企業との面談で、幹部から、『経営戦略を立ててほしいわけではない』『決めたことについて、ちょっと聞いてくれるだけでいい』と言われた」と憤慨する。

21年3月には、テレビドラマ「白線流し」などで知られる俳優の酒井美紀氏が不二家の社外取に就任したことで話題になった。が、その選任理由の1つである「主婦の観点」というのも取締役に求める能力としてはあまりに曖昧だ。

前出の佃氏はこう苦言を呈する。「女性を登用する目的と手段が入れ替わっている。数合わせで女性を招聘した企業が評価される一方、社内女性の登用に熱心な企業が、取締役にまだ女性がいないというだけで市場からの評価を下げる皮肉な事態も起きている」。

企業にとって女性を登用する意味は何か。改めて原点に戻って熟考する必要がある。

（印南志帆）

（注）海外機関投資家が「女性取締役0人」で反対票

―ゴールドマン・サックス・アセット・マネジメントの場合―

『取締役会において女性取締役の登用が1名も行われていない場合、当該企業の指名委員会（指名委員会における指名委員である取締役）に反対します。』

（ゴールドマン・サックス・アセット・マネジメントの議決権行使に関する方針（日本株式向け）2021年版から抜粋）

反対票を投じられた企業一覧（2020年7～9月）

日本板硝子／ウェザーニューズ／タマホーム／総医研HD／ショーワ／大黒天物産／

Ｇｕｎｏｓｙ／レーザーテック／ｇｕｍｉ／クスリのアオキＨＤ／ＧｅｎｋｙＤｒｕｇＳｔｏｒｅｓ／アルペン／伊藤園／佐鳥電機／ＣＩＪ／ｆｒｅｅｅ／ヴィア・ＨＤ／コスモス薬品／アバント／ＧＲＥＥ／サンデンＨＤ／ＵＵＵＭ／物語コーポレーション／マクロミル／ＨＥＲＯＺ／サンリオ／ウェルネット／パン・パシフィック・インターナショナルＨＤ／オリンパス／ダイト／あい　ＨＤ／富士電機／日本国土開発／チャーム・ケア・コーポレーション／コーセル／リプロセル／キュービーネットＨＤ

「ＨＤ」はホールディングスの略

（出所）ゴールドマン・サックス・アセット・マネジメントの公表する「議決権行使の指図にかかる方針」と「議決権行使の結果個別開示」を基に本誌作成

INTERVIEW

「育児と仕事の両立支援はコストではなく投資」

MPower Partners Fund ゼネラル パートナー・キャシー松井

株式市場で機関投資家などからジェンダーの多様性に厳しい視線が注がれている。日本企業はどう対応すべきか。元ゴールドマン・サックス証券副会長で「ウーマノミクス」の提唱者でもあるキャシー松井氏に聞いた。

――欧米のみならず日本の株式市場でも企業における女性の活躍度が重視されるようになりました。

世界的にＥＳＧ（環境・社会・企業統治）投資の波が押し寄せ、ここ数年は海外の機関投資家などからの圧力が強まっている。

米資産運用会社のステート・ストリートやゴールドマン・サックス・アセット・マネジメント、議決権行使助言会社のグラス・ルイスなどは、取締役に1人も女性がいない企業のトップに対し、自動的に反対票を投じることにしている。企業の元には、投資家からの「御社の取締役は全員男性ですが、女性の候補者は育っていますか？」といった問い合わせが殺到していると聞く。

——投資家の目的とは？

女性の登用を促すのが、単に「社会的に意義があること」だからではなく、競争力の高い企業に投資をするため、女性が活躍する企業を選別しようとしている。というのも、取締役や管理職に占める女性の比率が高い企業ほど、収益性やリスク管理能力が高いことは、すでに多くの研究が明らかにしているからだ。

——出身のゴールドマン・サックス証券は、女性取締役のいない企業の上場支援はしないとCEOが宣言し、話題を呼びました。

上場支援はゴールドマン・サックスの主力事業なので、CEOが自社の利益を損なう決断をしたかのように見えたかもしれない。だがこれも、上場支援ビジネスで長期的な競争優位性を保つうえで、理にかなった判断だった。

同社は未上場企業の上場後の経営状況について長年調査をしてきたが、取締役のメンバーが同一属性だったり、社長のお友達ばかりだったりといった企業は、多様性のある企業よりリスク管理能力が明らかに低かった。仮にトップが誤った経営判断をしても、Noを唱える人がいないからだ。

現時点でこのルールの対象となるのは、欧米の企業に限られる。ただ、日本を含めたアジアでも、(欧米と同じルールが適用されるのは)時間の問題だろう。

トップ自らがコミット

――女性の社外取締役は増えてきましたが、社内で女性の役員候補を育てるのは簡単ではありません。

女性を企業内部で育成していくことは大きな挑戦である。日本だけでなく、北米や欧州も同じ問題を抱えている。取締役の4割強が女性で構成されているノルウェーなどの国ですら、管理職の女性比率はまだまだ低い。

最も重要なのはトップ自らコミットすることだ。企業の中には、人事部にダイバーシティ推進の専門部署をつくり、その中だけで取り組みを行い「やったつもり」になっているところも珍しくない。それでは会社は何も変わらない。

日本では労働人口が2055年までに4割減るといわれている。早期に多様性のある人材を育成しておかないと、組織はジリ貧になる。女性を育成し、育児と仕事の両立を支援することは、コストではなく人材投資だと捉えるべきだ。

（聞き手・印南志帆）

キャシー松井（Kathy Matsui）

1965年生まれ。米ハーバード大学卒業、米ジョンズ・ホプキンス大学大学院修了。バークレイズ証券を経て、94年にゴールドマン・サックス証券に入社し、チーフ日本株ストラテジストとして活躍。2020年12月末退社。5月にESG重視型のグローバルなベンチャーファンド、MPower Partners Fund を設立し、ゼネラル・パートナーに就任。

女性役員と企業価値の関連性

早稲田大学商学学術院　教授・谷口真美

女性活躍推進の目的は、1つに多様な視点を取り入れ、中長期的に企業価値を上げることだといわれる。女性の存在は企業価値に結び付いているのか。

興味深い研究を1つ紹介しよう。1989年から2014年までの25年間に実施された、日本を含む世界35カ国の140の研究を対象にメタ分析したところ、企業の女性取締役の存在と企業業績の間には、プラスの関係があった。

株価、株価純資産倍率（PBR）、株価利回りなどに関しては、男女格差の小さい、つまりジェンダー平等が進んだ国ほど、女性取締役の存在が与える正の効果が高い。対してジェンダー平等が遅れた国では、女性取締役の存在は市場成果に負の影響があるか、あるいはまったく影響がなかった。この研究によると、ジェンダー平等が遅れている日本では、女性の取締役がいても価値を創造していない。

その原因を説明する変数はいくつかあるが、よく指摘されるのが、「女性には経営能力がない」というものだ。女性が、男性と同様の経営スキルを養えるキャリアを歩んでこなかったことが原因とされるが、社外取締役の増加とともに、男性でも弁護士、公認会計士、大学教員など経営経験のない取締役が増えている。どうもキャリアだけが原因ではなさそうだ。

取締役会が創造する価値には、①対内ロジスティクス（信頼性・ネットワーク）、②実効性（助言と支援）、③イノベーション、④資源配置（戦略コントロール）、⑤リスクマネジメント、⑥対外ロジスティクス（アウトプット・CSRコントロール）があるという。「女性に経営能力がない」という主張は、これらを行う際にスムーズな意思決定を重視するからだろう。

端的な例が「同じようなキャリアを積む者同士のあうんの呼吸で決議すべし」という考え。取締役会で多様な意見を期待するより、ボトムアップで策定された議案を原案どおり承認することを重視する意思決定スタイルは、起案者である社内の意欲を向上させ、実行時の抵抗が少なくなるメリットがある。多様な意見を勘案する土壌がないため、③のイノベーションにつながらないのは当然だ。

次に女性への役割期待が限定的という問題がある。株主総会招集通知の「取締役選任理由」には定型文的で無難な表記がなされる。そして、女性取締役はしばしここに記されたスキルではなく、「女性としての見方」を問われると聞く。「女性」というカテゴリーのみで見てしまうと、その人の知識・スキル・能力の幅を生かす機会を制限してしまう。

さらに影響力の格差もある。何を言うかではなく、誰が言うかが優先される。マイノリティである女性が同じ意見を言ったとしても、採り上げられない。

企業が女性の登用を成長につなげられないとすれば、主に以上の3つの理由がありそうだ。

そもそも日本企業の取締役には、諸外国と比べ女性が少ない。米国の研究者カンターによる「構造変数理論」によれば、ある組織の中に占める特定の属性の割合が4割を超えると、少数派ではなくなる。2割以下だと〝お飾り〟になり、本来の能力を発揮できない。この理論に基づき、3割以上の女性取締役がいる企業は、企業価値を創造しているという実証結果もある。

女性取締役の存在と企業業績の関係は、これまで豊富な研究蓄積があるが、その結果はプラスだったりマイナスだったりと、一様ではない。両者の間には多くの要因が関わっている。言い換えれば、登用した女性を活かす土壌とマネジメントこそが、女性登用を企業業績に結び付けるカギだといえる。

谷口真美（たにぐち・まみ）
1996年神戸大学大学院博士後期課程修了、博士（経営学）取得。2008年から現職。ダイバーシティ経営が専門。

SNS時代のジェンダー炎上

ＳＮＳで誰もが情報を発信できる時代。著名人や企業、団体の言動にネット上で非難が集中する、いわゆる「炎上」案件は、年々破壊力を増している。

デジタルリスクコンサルが主力のエルテス社によれば、2020年には国内で1000件近い炎上が発生。いろいろなパターンがあるが、炎上まではおよそ、次のような過程をたどる。

①批判を投稿：一部のユーザーが批判
②他人に拡散：一般ユーザーがリツイート
③爆発的に拡散：インフルエンサーによる拡散やネットニュースが取り上げる
④社会的批判に発展：マスメディアの報道、デモ活動、行政指導など

番組や広告、ポスターで自分が不快に感じたものを目にすると、まず、①一部のユーザーが批判をSNSに投稿、②それに共感したほかのユーザーが拡散する。さらに、③影響力ある著名なインフルエンサーやネットニュースが取り上げ、最悪の場合、④マスメディアが報道したり、デモ活動に発展したり、行政指導にまで至ったりするのが、典型的なパターンだ。

ここ数年は、企業の広告やSNSでの投稿にジェンダーに関する偏見があるとして、炎上するケースが後を絶たない。

商品広告、ポスターで炎上　あの企業・団体

2018年

【西日本鉄道】ラッピング電車の中吊り広告「無防備も女子力」

110周年記念の写真で幼い女の子のキャッチコピーがSNSで非難される。無邪気さを伝えたかったようだが、性被害への配慮がなく、西鉄は撤去。

【赤ちゃん本舗】お尻拭きシートの表記「お母さんを応援」
「全国のお母さんを応援します」との表現に対し、母親だけがおむつを替えるのかとネットで署名キャンペーンが始まった。赤ちゃん本舗は商品在庫がなくなり次第、新パッケージに変更。

2019年
【トヨタ自動車】ツイッター公式アカウントでのアンケート
女性ドライバーに「やっぱり、クルマの運転って、苦手ですか？」と質問。無意識の決めつけに「やっぱりとは何か」と苦情が殺到。トヨタは削除した。
【日本赤十字社】献血キャンペーンポスター「宇崎ちゃん」
胸の大きな女性キャラクターを米国人男性が「性的」とSNSに投稿し紛糾。もともとは人気漫画のヒロインで、「表現の自由もある」という指摘も。

2020年

【タビオ】ツイッター公式アカウント「Ｔａｂｉｏ 靴下屋」

ツイートで「嫁」とつぶやいてしまい、自ら不適切な表現と謝罪した。嫁＝家の従属物と捉えられて議論に。「配偶者」「パートナー」が適切か。

（出所）エルテスの資料を基に本誌作成

女性＝運転苦手の先入観

トヨタ自動車の場合、2019年にツイッターの公式アカウント上で行ったアンケートで、女性ドライバーに「やっぱり、クルマの運転って、苦手ですか？」と質問。答えにあった選択肢は、「とても苦手」「すこし苦手」「どちらでもない」「得意です！」の4つだった。「やっぱり」と、女性は運転が苦手だとの先入観に基づいた表現に加えて、回答の4択中2つが「苦手」だったことで批判を浴びることに。トヨタは当該ツイートを削除することになった。

ファミリーマートでは総菜「お母さん食堂」の一件が記憶に新しい。20年末にかけて、「食事を作るのはお母さんだけですか?」と性別役割の固定化に反対する声が上がり、名称を変えるよう訴えるキャンペーンが署名サイトで立ち上がった。現在でもファミマは公式HPで、「お母さん食堂は、『家族の健やかな生活』を想って作った、美味しくて安全・安心な食事と食材を提供するブランド」とうたい、変わらず販売中だ。

モノが売れない昨今、企業はよりターゲットを絞り、より〝刺さる〟文言や写真、映像を届けようとする。しかし、エッジを利かせようとするあまり、女性蔑視や特定の価値観の押し付けと受け取られては、元も子もない。

幅広い多様性に配慮を

もちろん、寄せられる批判の中には、時にやや過剰反応といえるものも含まれている。エルテスの江島周平・コミュニケーション部長は「批判のすべてにおびえるのではなく、その本質を見極めることが必要だ」と説明する。

ジェンダー問題に限らない。ぺんてるが絵の具やクレヨンの表記で「肌色」をやめ、花王が化粧品の宣伝から「美白」をなくすなど、人種やハンディキャップをはじめ、企業は幅広い多様性に配慮するのが当たり前の時代になった。

不適切な表現は、対処を誤ると、事業の存続を脅かしかねないリスクもはらむ。企業側の一層のリテラシー向上が求められる。

『あつ森』に凝らされた工夫

巣ごもり需要で大ヒットした任天堂の家庭用ゲーム『あつまれ どうぶつの森』。実は、ゲーム内のジェンダーに関する表現で、工夫が凝らされている。プレーヤーは最初に自分の扮するキャラクターの性別を選ぶが、ゲーム中、自由に変更することができる。また「おとこのこ」でもポニーテールやスカートを選ぶことが可能。英語版では性別を選ぶ必要すらない。

娯楽商品のゲームソフトも今、ジェンダー問題に目配りをする必要性が増している。日本のゲーム産業は20年ほど前から、ゲーム内の不適切な表現の規制を行ってきた。2002年にはコンピュータエンターテインメントレーティング機構(CERO)が発足。業界団体であるCESAなどを通じ、発売される家庭用ゲーム機向けソフトのほぼすべてを審査する。ゲーム内の性的・暴力的な描写、反社会的行為の有無などを審査し、段階別に全年齢対象、18歳以上対象といった年齢区分のマークなどをつける。

ただ、これまでの審査では、ジェンダーへの配慮は手薄だった。CEROの理事を務める法学者で千葉大学大学院教授の後藤弘子氏は疑問を投げかける。「ゲーム内の戦闘シーンで男性キャラは全身に防具をまとうのに、女性キャラはなぜ露出の大きい格好をすることが多いのか。女性は性的に見られる役割、という無意識の偏見があるのでは」。

ゲームは娯楽としてソフトを欲しいユーザーが選択して購入するため、男性の消費者が求める女性像に応じたゲームを作るべきだ、という意見もある。だが一方で、利用者の年齢層や地域は拡大している。世界の老若男女が遊ぶことを想定するソフトなら、ジェンダーへの配慮は欠かせなくなるだろう。

あのテレビＣＭはこれで炎上した

「無意識の偏見」が招く失敗

東京大学大学院　総合文化研究科教授・瀬地山　角

企業のテレビＣＭやＰＲ動画が、〝炎上〟する事例が増えている。ネットの普及もあって、視聴者の不快感に賛同・共感する、規模もスピードも増幅。またかと思いながら見ていると、ジェンダーの観点から、いくつかのパターンがあることに気づいた。

あるターゲット層を明確にして、訴求することを目指したＣＭは、制作者の意図を浮き彫りにしている。そこでは男らしさや女らしさ、家庭のあり方が表されており、失敗例も少なくない。

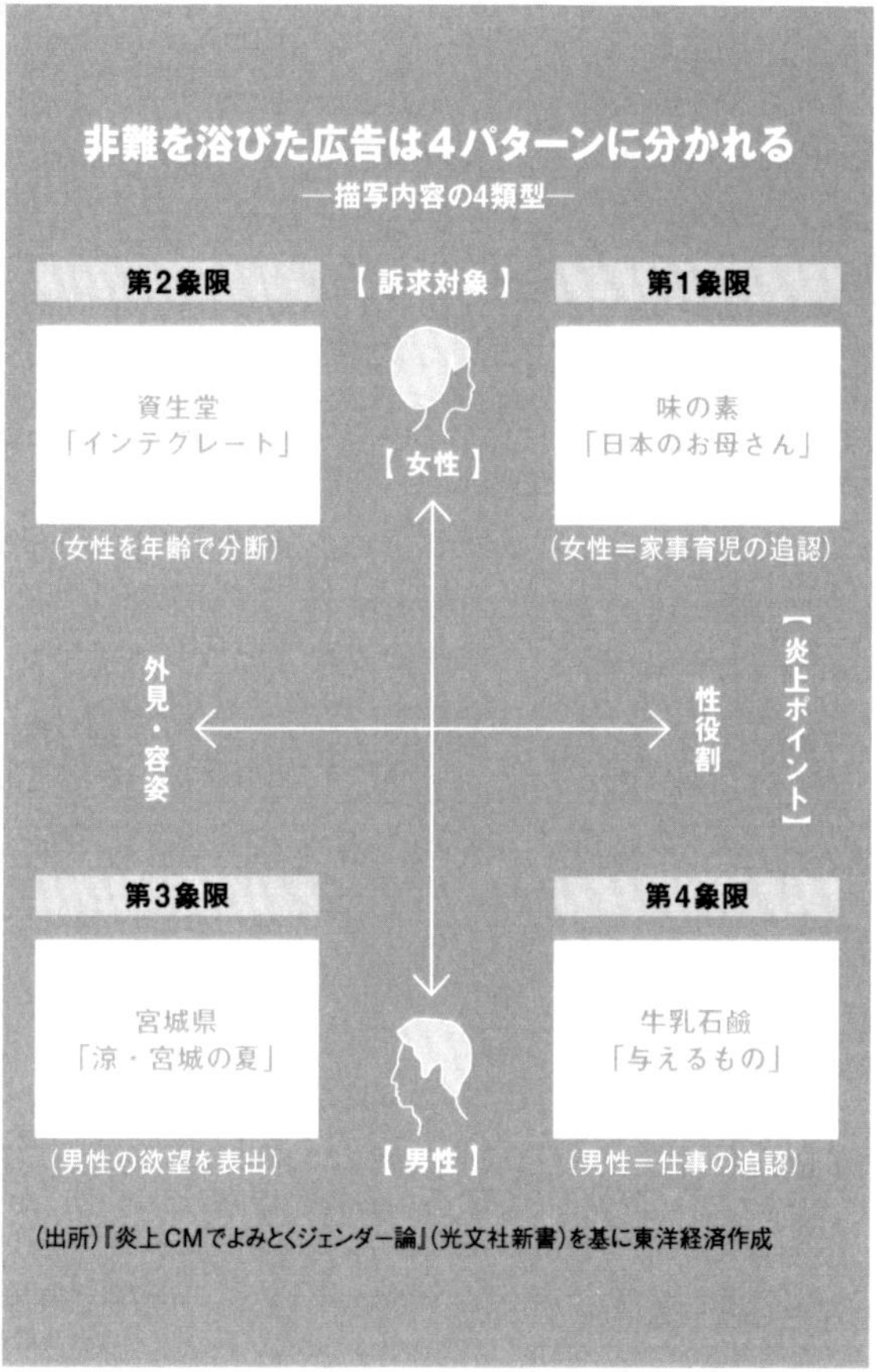
非難を浴びた広告は4パターンに分かれる
―描写内容の4類型―
第2象限
【訴求対象】
第1象限
資生堂
「インテグレート」
【女性】
味の素
「日本のお母さん」
（女性を年齢で分断）
（女性＝家事育児の追認）
外見・容姿
性役割
【炎上ポイント】
第3象限
第4象限
宮城県
「涼・宮城の夏」
牛乳石鹸
「与えるもの」
（男性の欲望を表出）
【男性】
（男性＝仕事の追認）
（出所）『炎上CMでよみとくジェンダー論』（光文社新書）を基に東洋経済作成

先の図は過去の炎上CMを4類型に図式化したものだ。縦軸に〝商品の訴求対象〟を取り、上に「女性」、下に「男性」を置いた。横軸には〝炎上ポイント〟を取り、右に「性役割」、左に「外見・容姿」を置いている。問題のCMはほぼどれかに当てはまる。

第1象限は、訴求対象が「女性」で、炎上ポイントが「性役割」。例えば食品メーカーで、女性を応援したつもりなのに、実は性役割分業の押し付けと批判されたものである。男性の不在を前提に、家事育児に追われる女性を描き、炎上してしまうパターンだ。

ここで挙げたのは2012年に発表された味の素の企業CM。テーマはあるお母さんの一日。朝、子どもたちの朝食と弁当を作るところから、保育所に送り、自分は通勤・就業した後、お迎えに行き夕食を作るところまで、映像が流れている。ご飯を作るお母さんの苦労に「ありがとう」とエールを送るCMである。

これにはもちろん肯定的な意見もあった。だが、なぜご飯を作るのがお母さんの〝ワンオペ〟なのか。なぜ手作り料理が母親の愛情の証しになるのか。

日本全国で母親（だけ）がご飯を作るようになったのは、高度経済成長期、サラリーマンと専業主婦の組み合わせが増えたから。たかだか半世紀にすぎない。また「食育」という言葉で伝統的な（？）和食を守り、外食したり総菜を買ったりすることに、罪悪感を覚えるのもおかしい。離乳食の手作りにこだわるのも日本だけだ。

第2象限は、訴求対象が「女性」で、炎上ポイントが「外見・容姿」。一方の価値を下げてそれを引き上げましょうと発信している。化粧品メーカーやファッション関連企業は、若さや美しさをよしとした物語を描かざるをえない。それを強調しすぎて女性から批判を受け、炎上するパターンだ。

この象限では、2016年に発表された資生堂のブランド「インテグレート」のCMである。

25歳の誕生日を迎えて憂鬱そうな女性が、同性の友人2人からお祝いされるシーン。友人が「カワイイという武器はもはやこの手にはない！」と言い放った後で、だからカワイイをアップデートしよう、という前向きなメッセージのつもりだった。

しかし、今どき25歳を〝賞味期限〟とするような発信は、共感されない。年齢を区切ってかわいさを押し付ける点が批判され、資生堂は、「大人の女性になりたいと願う人たちを応援したい意図が十分に伝わらなかった」とのコメントを出す結果となった。

第3象限は、訴求対象が「男性」で、炎上ポイントが「外見・容姿」。男性の願望を前面に出したような、性的メッセージの強い内容が問題となった。公共性の高い団体がゾーニングを間違えて、広い層を意識せず発信し、炎上するパターンといえよう。

この象限では、2017年の宮城県による「涼・宮城の夏」のCMが一例だ。タレント・壇蜜さんの唇の強調、「殿方に涼しいおもてなしをする」というせりふなど、どう考えても男性の目線から見た作りである。

おひざ元の仙台市長（女性）が不快感を示し、女性県議全員が撤回を申し入れた。村井嘉浩宮城県知事は話題作りに成功したとしたが、県が多くの女性から反発されるような観光キャンペーンは、賛否両論で済む問題ではない。

そして第4象限は、訴求対象が「男性」で、炎上ポイントが「性役割」。男性が家事育児をしない立場に居座っている描写で、自分の身勝手さには気づかず、炎上してしまうパターンだ。

例えば17年の牛乳石鹸のウェブCM。息子の誕生日、父親はプレゼントを買ってくるよう妻から頼まれたが、会社でミスした後輩を慰めるため、仕事が終わった後に直帰せず居酒屋に行ってしまう。飲んで帰り風呂から出た後、妻に謝り、改めて家族で誕生日を祝い直すものだ。そして「さ、洗い流そ。」のテロップ。飲みニケーションで子どもの誕生日を犠牲にする感覚は理解不能である。

これらのCMでは男性がほとんど家事に関与しない。夜の家庭には父親が不在なことが前提となっていて、これで結婚生活を送れることが不思議だ。欧米ならこの段階で離婚になるだろう。

広告代理店も気づかない

批判されると、制作側は「差別の意図はない」と釈明するが、意図があったらヘイトスピーチだ。未婚の女性が結婚相手の条件として求めるものは、1位の「人柄」を別とすれば、2位は「家事・育児の努力」で、3位が「仕事への理解」。これらをまったくわかっていないから女性の怒りを買う。

歴史をさかのぼると、ハウス食品「シャンメン」のCMで、「私、作る人。僕、食べる人」が抗議を受け、放送中止となったのが1975年。40年近く経った12年でも、味の素が、仕事も料理も全部女性がやるさまを描いた。40年間で女性の二重負担が生じただけで、男性にとって平日の夕食作りは最もハードルが高い。

これは長時間労働の裏返しで働き方改革とまったく逆行する。一方で父親の夕食作りを描いたCMは好意的に受け止められている。

CMは昔、テレビでないと見られなかったし、ピンポイントでCMだけ見ることもできなかった。それがSNSに上がる時代になり、YouTubeなどでいつでも誰でも、繰り返し見られるようになったため、爆発的に拡散し、燃え上がる構造ができている。

とくに公共団体の場合、民間企業とは気の使い方が一段違う。だがそのことに制作側の広告代理店が気づかないケースも多い。

18年に東京都が実施した東京五輪・パラリンピック大会のアイデア募集キャンペーンもそうだ。文言にあった「僕らのおもてなし」「僕らのアイデア」で、「僕」とは男性が自分を表す代名詞だ。が、アイデアを募る対象は、男性だけではない。森喜朗発言で突如クローズアップされたが、ほかにもさまざまな問題が起きている。

ジェンダーについての無配慮は差別に直結する。知らなかったでは決して済まされず、企業も団体も、人権感覚をアップデートし続けることが不可欠なのだ。

瀬地山　角（せちやま・かく）

1963年生まれ。東京大学大学院博士課程修了。学術博士。著書に『炎上CMでよみとくジェンダー論』（光文社新書）など。

履歴書に性別なし、男性産休も

文具大手のコクヨが2020年12月に発売した履歴書が話題を呼んでいる。氏名欄の隣の「性別」欄を初めてなくしたからだ。心と体の性が一致しないトランスジェンダーなどを中心に、履歴書で性別を記すことを望まない声が高まっていた。

背景にあるのが、これに先立つ7月、日本規格協会が日本産業規格（JIS）の履歴書の様式例を削除したことだった。厚生労働省も性別欄の記載を〝任意〟にした様式例を作成した。

事実、採用における性的少数者や男女の格差解消に動いた企業の1つが、ユニリーバ・ジャパンだ。20年3月には自社ブランド「LUX」の販促策の一環で、就職希望者に対し、性別や容姿でなく個人の能力や意欲に焦点を当てると宣言。履歴書から性別や顔写真の欄を削除した。氏名欄は名字だけにする徹底ぶりである。

SNSでは「性別知ってどうするの」のハッシュタグを付けたキャンペーンも展開。「ジェンダーの固定観念を取り除くため決断した。ブランド価値向上だけでなく社会もよくしたい」(河田瑶子・ラックスブランドマネージャー)。

採用という入り口だけの是正で終わってはいけない。女性社員の出産・育児の際には職場復帰に向けたさまざまな工夫も必要だ。

カギとなるのが、女性が育児を抱え込まず、家族で分担できる体制をつくること。重要なのは男性の育児休業の取得だ。夫が妻の復帰時期に休んだり、育児のノウハウを得たりすることで、妻の負担を軽減できる。育児休業法では会社に申請すれば、社員は子どもが1歳になるまで育休を取得できる(延長可)。有給ではないが雇用保険から給料の67%分の給付金をもらえる(180日間まで)。

だが、権利として保障されるのにもかかわらず、男性の育休取得率は女性の83%に比べ、7・48%と極端に低い。育児は母親が担うものという価値観に加え、「自分が抜けたら職場が回らない」という周囲への遠慮もあるだろう。

男性育休取得を積極的に進める企業もある。三菱ＵＦＪ銀行は19年5月から、2歳未満の子どもを持つ男性行員向けに、育休と年次有休で連続1カ月前後（20営業日）の育休を取るよう推奨する制度を導入。従来の取得日数は平均2日で、さらなる利用拡大が目的だ。法人営業の男性行員（29）の場合、妻の育休中に自身も1カ月休んだが、休む3カ月前から引き継ぎをし、部署では代替要員なしで仕事を回すことができた。

対象となる男性社員100％が育休1カ月を取得したのが積水ハウス。18年9月から3歳未満の子どもを持つ男性社員に「イクメン休業」制度を導入。きっかけは仲井嘉浩社長がスウェーデンに出張した際、公園でベビーカーを押しているのがみな男性なのを見たことだった。「帰国後に社長がすぐ指示をし新設。取得資格を持つ898人全員が1カ月以上の育休を取った」（森本泰弘・ダイバーシティ推進部長）。

今国会に提出された育児休業法改正案では〝男性版産休〟が注目される。夫向けの出生時休業として制度化するもので、子どもが生後8週になるまで最大4週間休める。旧来の制度を見直す動きは確実に広がっている。

（大野和幸）

8割が仕事に影響すると感じている

女性の生理に対する正しい理解

周囲の女性の話を聞く限り、記者は生理痛が重いほうであるようだ。月に1日は起き上がるのもつらい腹痛に襲われ、3日は外出するにも痛み止めの薬を携行していなければ不安になる。

あまりにきついときは休暇を取ったり、在宅勤務に切り替えたりしている。多くの場合、上司や同僚には「体調不良」と伝えてきたが、このコロナ禍、濁すとむしろ要らぬ心配をかけるのでは……と、新たな悩みも増えた。

女性向け健康情報サービス「ルナルナ」が行ったアンケートによれば、生理痛やPMS（月経前症候群）などの症状が仕事に影響すると感じる女性は、「少し感じる」を含めると全体の8割に上っている。記者と同じ悩みを抱える人は少なくなさそうだ。

■8割以上の女性が影響を実感
―生理痛やPMSなどの仕事への影響を感じるか―

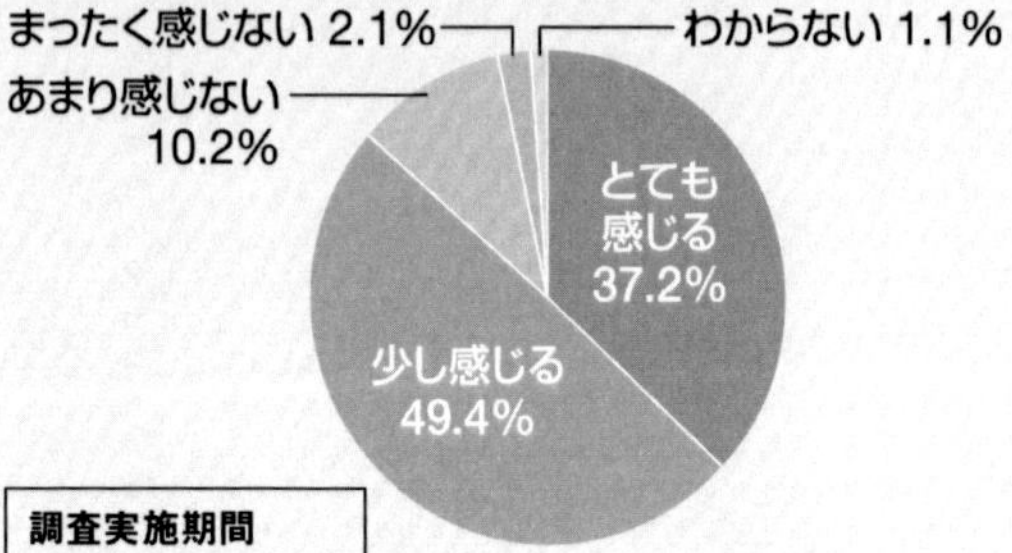

調査実施期間
2020年1月10～14日
調査対象
10～50代以上の
働く女性2094人

（出所）「ルナルナ」による、生理痛やPMSの仕事への影響とピルの服薬に関するアンケート

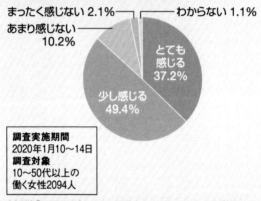

こうした課題に独自のアプローチを試みる企業もある。

サイバーエージェントは2014年、女性活躍推進制度の一環で「エフ休」の運用を開始した。エフ（F）はFemaleの頭文字。以前は生理休暇、妊活休暇などを年次有給休暇と別立てで用意していたが、現在は女性の取得する休暇をすべてエフ休に統一。「利用用途がわからないようにし、取得しづらさ、理由の言いづらさを排除している」（サイバーエージェント）。

導入時には管理職や女性社員向けに趣旨説明会を実施。特定の対象者だけが得をするといった不満が出ないよう気を配った。その結果、導入後は休暇の取得率を底上げでき、かつ管理職からのクレームもほぼないという。

コミュニケーション上の〝タブー〟をなくそうと取り組む企業もある。フェムテック（女性特有の健康課題や悩みを解決する技術）事業の創出を目指す丸紅は、社内にその土壌をつくるため、関連セミナーを随時実施している。

ウェビナー形式とし周りの目が気にならないようにしたことも功を奏し、約200人の参加者の4割を男性社員が占めた回もあった。「きちんと産婦人科に行こうと思った」（女性社員）、「（生理は）触れてはいけない話題と思っていたが、リテラシーが上がれば対話の活性化や生産性向上につながるのでは」（男性社員）と、感想もさまざまだ。

「自分でリサーチしないような社員も偶発的に興味を持つよう、全社メールを用いた情報発信など、工夫を重ねている」（丸紅）

男女の別なく、ヘルスリテラシーと労働生産性は比例する、といわれる。医学的な観点で正しい知識を持つことは、休暇の取得率向上にとどまらない、根本的な課題解決につながりそうだ。

（長瀧菜摘）

【Q&A】「〜ちゃん」付けはセクハラ?

事例でわかるハラスメント法律相談

杜若経営法律事務所 弁護士・向井 蘭

何がハラスメントに当たり、そのとき、会社はどう動くべきか。職場でよくあるケースを基に、労働法に詳しい向井蘭弁護士が解説する。

——【Q】飲み会の席で男性社員が若い女性社員を「〜ちゃん」付けで呼び、別の社員から人事部に「セクハラでは?」と報告があった。

【A】若い女性社員への「〜ちゃん」付けは、広義のセクハラに該当する。違法ではないが、男性社員には注意を促すべきだ。

セクハラとは性的な嫌がらせをすることを指すが、中でも性に関する固定観念、差別意識に基づく嫌がらせや取り扱いをした場合は、「ジェンダーハラスメント」と呼ばれ、広義のセクハラになる。男性社員に悪気はなかったのかもしれないが、若い男性社員には「〜ちゃん」付けをしないのに、若い女性だけを子ども扱いしていると捉えられる可能性がある。

現時点では、ジェンダーハラスメントに関する法令やガイドラインは作られていないものの、人事労務管理上、望ましい行為でないことは明らかである。

――【Q】女性管理職が育休から復帰した。出産前は残業が当たり前だったが、今は17時半退勤。仕事が回らず、見かねて管理職を解き、楽な部署に異動させた。すると「同意していない」と本人が激怒してしまった。

【A】異動が女性の妊娠・出産、育休などを契機にしたものではないと会社が証明できない限り、マタハラに該当し違法だ。

妊娠・出産、育休などが終了してから1年以内に不利益取り扱い（今回のケースでは管理職を解いて楽な部署へ異動させる）をした場合、原則として両者に因果関係があると解釈され、育児・介護休業法第10条への違反となる。

例外的に育休復帰直後でもマタハラにならない場合もある。1つは、業務上の必要性が、不利益取り扱いで受ける影響を上回る「特段の事情」が存在するとき。今回のケースなら、この部署で本人の業務量を減らして対応することはできない事情がある場合などだ。2つ目は、労働者本人の同意があり、一般的な労働者なら同意するような合理的な理由が、客観的に見て存在するとき。今回は女性社員が「同意していない」と主張しており、事前に合理的説明がなされていない可能性がある。

そもそもこうしたトラブルが起こるのは、企業が役職の仕事内容や責任の範囲を明確にしていないから。役職によっては短時間勤務でもできる。そこが曖昧なので、「残業ができないから役職に就けない」という会社側の言い分は本来、論理的に成り立たない。

――【Q】よく社員とトラブルを起こす女性社員がおり、注意をしても改善されない。退職勧奨をしようとした矢先に妊娠が発覚。タイミング的にマタハラになるか。

【A】トラブルを起こしていたことを理由に、退職勧奨をしたと証明できるなら、違法にはならない。

もし産休に入ることを理由に退職勧奨をした場合は、妊娠が女性にのみ生じる生理現象であることから、労働者の性別を理由として差別的な取り扱いをしたとされ、男女雇用機会均等法第6条第4号に違反する可能性がある。

では、妊娠・出産、育休などを理由とした「不利益取り扱い」を禁止している、育児・介護休業法第10条への違反はあるか。

論点となるのが、「不利益取り扱い」が何を指すかだ。解雇や降格人事は明白にこれに当たるが、退職勧奨はどうだろう。退職勧奨とは、従業員との合意により雇用契約を終了することを目指して、会社側から従業員に退職を勧めること。会社からの一方的な意思表示により、雇用契約を終了する「解雇」と異なり、従業員は拒否できる。だから「不利益取り扱い」には当たらない（ただし退職強要は不利益取り扱いに当たる）。今回は、退職勧奨の理由が社員とのトラブルであり、産休・育休とは無関係なので適法といえる。

ただ、法的には問題がなくても、妊婦に対して退職勧奨を行うこと自体がマタハラだと主張される可能性はある。退職勧奨の面談をする際は、客観的な事実を説明し、本人の表情や意思を確認しながら、「今は」退職勧奨をするべきでないと判断したら、中止すべきだ。さらに面談は本人同意の下で録音をしたほうがよい。

――【Q】妊娠中の女性社員が女性上司に「つわりで具合が悪いため、仕事を負担の軽いものに変更してほしい」と申し出ると、日頃の勤務態度を注意されたうえ「私が若い頃はつわりだからと特別扱いはされなかった」と言われたという。

【A】女性上司の言葉は立派なマタハラだ。似た事例に「ツクイ事件」（2016年判決）がある。妊娠した部下が上司に仕事内容の負担軽減を求めたところ、上司は部下の言葉遣いやしぐさなど従前の勤務態度を指摘して改善を求めるとともに、「万が一何かあっても働く覚悟があるのか」「私は（あなたを）妊婦として扱うつもりはない」などと発言。これがマタハラに当たると判断された。

注目点は上司によるマタハラ発言の前に日頃の勤務態度への言及があることだ。マタハラの事例を見ていくと、実は妊娠だけを理由に不適切な言動をしたケースはごくまれ。普段から業務態度に問題があり、周りに迷惑をかける従業員に対する不快感を示す際、妊娠に配慮しないことを正当化する発言をしてしまう場合が多い。とくに自身も妊娠・出産を経験した女性の場合、自分の妊娠中の就労環境を持ち出す傾向がある。

いうまでもなく業務態度に問題があることは妊娠への配慮を行わない理由にならない。会社はこの点を周知しておく必要がある。

――【Q】男性社員が3カ月の育休を取得したのち復帰。その数日後に遠方への転勤の内示を出したら、社員の家族がパタハラを受けたとしてSNSに書き込み、会社への批判が集中。育休復帰直後の転勤命令は違法か。

【A】通常の人事異動ルールの範囲内であれば、育休復帰後に転勤の辞令を出すこと自体は違法ではない。育休による不利益取り扱いを禁止するルールの下では、復帰後に現職や現職に相当する職に就けることを求めていないからだ。

注意すべきは、育児・介護休業法第26条に、配置転換に当たって、「労働者の子の養育又は家族の介護の状況に配慮しなければならない」と規定されていること。今回のケースでは、会社がどこまで男性社員の家庭環境を把握したうえで遠隔地転勤を発令したのかは不明だが、内示の面談で本人から事情を聞き、赴任時期に猶予を持たせるなどの配慮をしていたら、26条に違反するとはいえない。

日本では正社員の解雇が厳しく制限されると同時に、会社の配置転換権が広く認められており、育休明けの遠隔地転勤でも多くの場合、違法ではないのが現状だ。

問題は、男性社員の家族のSNSへの書き込みで、会社が批判されたこと。正当性を主張し合っても双方へのダメージが大きい。両者で話し合いをして「一部見解の相違はあったが、以上の共通認識に至り、解決した」といった共同声明を速やかに出すことを考慮してもいいだろう。

向井　蘭（むかい・らん）

1975年生まれ。東北大学法学部卒業。2003年に弁護士登録。使用者側の労働事件を数多く取り扱う。著書に『管理職のためのハラスメント予防&対応ブック』（ダイヤモンド社）など。

「女性活躍」の理想と現実

職場におけるジェンダー格差を解消し、女性が活躍できる環境を整えようと、企業はさまざまな工夫を凝らしている。

だが、導入した制度などがうまく現場で機能するとは限らず、予想だにしなかった問題も噴出する。4社の人事担当者に、理想と現実を聞いた。（Web上で行った座談会を基に構成）

【小売業・男性】女性が多い職場。目標は女性管理職5割
【製造業・男性】多様性が重視され、「女性活躍」は落ち着き気味
【IT・男性】女性が少数派。研修や昇進時に積極支援

【製造業・女性】女性は少数派だが、女性への偏見はナシ

「女性活躍」進捗度

【小売業・男性】僕の会社ではダイバーシティ推進策の一環として女性登用に急激に力を入れている。女性管理職はすでに3割を超えるが、経営陣は「早く5割にしろ」と言っている。消費者の半分は女性なのに管理職にジェンダー格差があるのはおかしいではないかと。まっとうな主張ですね。

ただ、部長以上、役員クラスだと、3割には達していない。さらに出産などのライフイベントや育児によって、女性の昇進が遅れることはどうしても避けられない。だからまだまだ頑張らなきゃいけない段階かなあ。

【製造業・男性】残念ながら、最近は、女性活躍推進が前より停滞している気がする。以前は女性の活躍に焦点を当てた施策として、数値目標を定めて女性の登用を進めた

こともあり、会社全体で女性を活用していこうというムードがあった。それによって、女性自身の心持ちが上がり、（働くことに対する）覚悟も強まっているのを感じていた。

それが最近は「ダイバーシティ＆インクルージョン」の考え方の下、包括的なメッセージ発信や人事施策が多くなってきた。

障害者や外国人、ＬＧＢＴＱ（性的少数者）などを含めたインクルーシブな議論をすることは大切だが、女性が最大のマイノリティであることは今も変わらない。女性に焦点を当てた施策を行うことは、企業や社会にとってまだまだ重要だと思うよ。

【ＩＴ・男性】うちは技術者が多くて、女性の従業員比率が２割もない会社なので、まだまだ手を打っていく余地がある。管理職の女性比率も数％だしね。

しかし、会社としては女性が働きやすくなる制度をどんどん増やしていて、主力部門で子持ちの女性が活躍している例はある。

【製造業・女性】お三方と違ってうちの会社はまだ若いので、過去の慣習に引きずられることもなく、男性も女性も同じように仕事ができている。女性だけ、特別に活躍を推進する施策をする必要は、今のところ生じていない。

技術系の会社なので、女性社員の母数自体が少ない。新卒・中途採用をすると、文系の職種以外はほとんど女性の応募がないんですよね……。女性の部長も役員もまだ出ていない。

ただ、将来取締役になることが期待されている女性は数人おり、大切に育成している。今は、社外取締役に就く女性を外部から迎え入れることで、役員予備軍の女性をいざ登用、となったときに、周囲の社員が受け入れやすい環境を整えようとしている。

登用されなかった人たちは、何かと理由をつけて登用された人をひがみ、非協力的になったり、足を引っ張ったりするもの。それを前提に先手を打って動いていく必要がある。

【製造業・男性】僕は昔、部のメンバー数十人のうち、男性は2人だけという「男がマイノリティ」の部署にいたことがあるんだよね。そこでわかったのは、男女ではどうしてもコミュニケーションの仕方が違うということ。

例えば、何か仕事の指示を出したとして、男性だったら何となく、なあなあで感じをつかんで仕事を進めてくれるじゃない。

でも、女性は指示の背景やどんなアウトプットをしてほしいのか、ちゃんと伝えないとダメ。「私の最大のパフォーマンスを発揮できません」とズバリ言われる。きっちり物事の背景まで説明することが鉄則だね。

【製造業・女性】もし怒らせてしまった場合は、男性よりも女性のほうが大ごとになりやすい。何か社員同士のトラブルがあったときだ。

女性は価値判断がゼロかイチかしかないというか、急に「もう許せなくなっています」という段階に突入していることがままあるかな。そこまでいく前に段階を踏んでいるはずなんだけど、周囲からはそれが見えなくて、急に感情が爆発してしまう。

女性のキャリア形成

【IT・男性】女性だけが受ける研修をいくつかやっている。なにぶん女性が少ないので、若手や管理職向けなど、キャリアの段階に応じた研修を実施すると、グループワークのときに各チームで女性がただ1人、という状態になってしまう。するとどうしても、「女性としてどう思う?」と女性ならではの意見を言うことが求められてしまい、個人の意見が言い出しにくいという声があった。

そこで女性だけが参加する研修を設け、フラットに意見を言い合える場として活用してもらっている。女性同士のネットワークづくりの意味もある。職場に女性のロールモデルがいないという声を聞くのでいい機会になっている。

【製造業・男性】僕の会社では、意識的に女性を男性に交ぜて教育している。部長クラスの研修の中に、課長になる前の女性を放り込む、なんて荒業をやることも。一見女性に酷なようだが、急激な成長を促すことができるし、部長(多くが中年の男性たち）に刺激を与えるのも目的だ。

最初はなかなか、女性からの発言は出てこない。が、グループワークやディスカッションを繰り返していくうちに、女性の観点での意見や質問がどんどん出てきて、男たちは「こんなこと、これまで指摘されたことがない」と衝撃を受けている（笑）。

「女性積極登用」の是非

【製造業・男性】管理職への昇進には女性枠を設けていたが、数年やってみて結局断念した。「実力主義に移行すべきだ」ということで、今は男性も女性も同じ基準で昇格制度を運用しているよ。

女性枠で登用すればするほど、管理職になりうる女性の母数がどんどん減って、昇進させる人の質を担保できなくなってくる。男性と同じように会社で経験を積み、管理職になる資質を持った女性は一定数いて、彼女たちを積極的に昇進させることにはまったく何の問題もない。ただ、そこから対象をさらに広げると、資質がない人まで含めなくてはいけない。

【小売業・男性】僕の前の職場も、Bさんの会社と、完全に同じ道をたどったなあ。何とか女性の管理職比率を2割にするために、数値目標を作って計画的に登用を進めてきたが、だんだん女性の管理職候補がいなくなってしまった。「候補がいない。無理だ」とわかった瞬間に取り組みをやめた。

それからは、ジェンダーを問わず、管理職候補になる前から働き方や仕事内容、キャリア形成などを、個人と向き合って決める形にチェンジした。

今の会社は、海外現地法人の経営陣に若手を抜擢する取り組みをしていて、それをやるとあえて登用しようとしなくても、女性のほうが多く候補に挙がってくる。

【製造業・女性】会社の女性登用の方針がある一方で、女性にも個人の人生プランがある。かつては結婚をせずに仕事一筋で頑張った女性が登用された。その次は既婚女性、今は育児と仕事を両立させながら役員になる女性が、出始めている。

私の友人には、結婚や出産をしたいのに会社に「海外赴任をしてほしい」と言われ、（語学などの）勉強させられて大変だ、というジレンマを抱いている人がいた。

子持ち女性の支援

【ＩＴ・男性】女性自身、自分の身近な人を見て、出産後の働き方を想像しがち。「子どもがいるから時短勤務をするのが当たり前」「ここまでしかできないんだ」という決めつけはしてほしくないよね。

【小売業・男性】うちは社員の半分以上が女性なので、子どもを産んだら戻ってきてまだ頑張ってもらうのが当たり前になっている。時短勤務をしたいという社員に、人事部が「夫は育児をやらないのか」と直球を投げたりすることも日常的にあるよ。出産を経験した管理職も身の回りにたくさんいるから、比較的気を使わないで済むのかな。

でも女性は結構、女性に厳しいよね。「私にはできているのに、何であなたにはできないの？」とか、「この子には子育てと仕事を両立する根性はないんじゃないか」とか言っちゃう……。

【製造業・男性】それはひどい。うちでは、子持ち女性社員のコミュニティーをつくっているうえ、周囲の人から女性へのアンコンシャス・バイアス（無意識の偏見）を取り除くようにしている。管理職層――実態は中高年の男性たちを集めて研修をやった。多様性が重要だ、女性活躍をやっていかなくてはならない、という総論に反対する人はもはや存在しないが、各論に入ると様相が変わってくる。

「そのお客さんを担当させるのは男性じゃないと無理だよね」とか、「この企画をまとめ上げるのは男性でなければ」みたいな暗黙の了解が根強い。

そもそもこういう研修をやっても聴く人と聴かない人がいる。無意識の偏見があること自体をわかってもらえない。そういう人の下には、なるべく女性の部下を置かないようにしている。

在宅勤務と育児

【小売業・男性】コロナ禍で小学校や保育園が閉まったときには、子持ちの社員には特別休暇という形で有休を取ってもらった。ある程度子育てをしながらの「ながら勤務」も認めている。

今は労働時間さえ満たせば、どの時間に働いてもいい、という制度を導入したので、問題は解消している。その効果として、これまで育児のために、時短勤務をしていた社員が通常勤務に戻ることができたよ。

【IT・男性】うちは、原則として、テレワークと育児や介護の「ながら実施」は認めていない。誰か任せられる人がいないとダメ。

それでも、これまでは利用者がごく一部だった在宅勤務制度をこの1年で多くの社員が利用するようになったことで、育児・介護をする社員からは「働きやすくなった」という声を聞いている。

【製造業・女性】コロナで改めて、テレワークっていい制度だな、と感じた。女性だけでなく、男性からも「妻は出社しないといけない仕事なので、育児しながら仕事をやっていいですか」と聞かれたりした。仕事さえ終わらせてくれるのなら、ながら勤務でもうちはOK。

男性の育休取得状況

【小売業・男性】全然なし。
【製造業・男性】うちはぼちぼち。長くても1カ月といったところ。短期間なので抜けた分の人員補充はとくにしていない。ただ男性も女性も同じように育休が取れるようになっている今、育休中の対応というのも同程度にしていかないといけないかな、という気はする。

（構成・加藤光彦、印南志帆）

「女性は事務職」と言われた1996年

体験から振り返る就職差別の構造

ジャーナリスト・治部れんげ

筆者は20年余、ジェンダーと企業をめぐる課題を取材、執筆してきた。どうしたら日本企業で女性リーダーが増えるか。この問いを繰り返し耳にしてきた。

思い出すのは大学生のときに受けた社会学の講義だ。担当教授にしつこく言われたのは、「リポートに安易に解決策を書くな」ということ。真意は「君たちが簡単に思いつくような解決策は現場ではすでに試している。そんな簡単に解決するなら深刻な問題にはなっていない」ということだ。

私が就職活動をした1996年のこと。就職に強いとされる大学の3年生で、男子学生の多くが銀行や保険会社など金融系の就職で内定を得ていた。獲得した内定先を滑り止めにしつつ、商社やメーカーなどの採用試験を受ける人もいた。が、同じ大学・同学年でも、女子学生にそんな選択肢はなかったのである。

当時の大手金融機関で女性総合職の採用は少なく、「21年は女性総合職を採らない」「男子百数十人、女子1人」なのはざらだった。同じ大学に女子学生が2割はいたから能力や専攻は理由にならない。

性差別的な採用は業界を問わず存在した。私が就職説明会に参加した不動産会社では、人事担当者が「女性は事務職です。男性は企画か営業です」と、参加した学生たちに面と向かって言った。私が「女性が営業を希望したらどうなりますか?」と質問したら、人事担当者は「女性は事務職です」と即答したのである。

その企業でペーパーテストを受けながら吐き気が込み上げてきた。能力や適性でなく性別で仕事内容を決められるのが嫌だったからだ。86年の男女雇用機会均等法施行から10年後の話である。

とはいえ、私は幸運だった。探せば男性と同じ仕事・同じ賃金の就職先もあったから。私より10歳以上年上の女性弁護士は東京大学在学中、「男子のみ」という求人票の山を見て絶望を感じ、企業就職を諦めて司法試験を受けたそうだ。日本企業が四大卒の女性を採用しないので外資系中心に試験を受けた人もいる。

知っておくべきは家庭や社会の歴史だろう。かつての日本では、男性が外で働き、女性は家庭を守る、性別役割分担システムが広範に根付いていた。それが効率的な経済発展に役立つから税制も主婦を優遇した。私自身、多忙な会社員の父と専業主婦の母という家庭で育ったから、システムの恩恵を受けたといえる。

ただし、今、2人の子どもを育てながら私が歩んでいるのは、母と父の人生を混ぜ足したような人生だ。子育てしながら男性と同じような仕事をして稼いできた。

国際比較でも日本男性の家事育児参加の少なさは際立つ。米英などで家事育児をするのは、女性が5~6時間、男性はその半分の時間を費やしている。一方の日本では女性が7時間半、男性が1時間半弱と格差が大きい。無償ケア労働の差が大きいままで、女性リーダーを増やすのは難しく、家庭内のジェンダー平等を目指す必要がある。

■妻の負担は社会進出を妨げる
—6歳未満の子を持つ夫婦の家事・育児時間—

	妻	夫
日本	7時間34分	1時間23分
米国	5時間48分	3時間07分
英国	6時間09分	2時間46分
フランス	5時間49分	2時間30分
ドイツ	6時間11分	3時間00分
スウェーデン	5時間29分	3時間21分
ノルウェー	5時間26分	3時間12分

(出所)内閣府男女共同参画局

最後に1つ誰でも実践可能なエピソードをお伝えする。

1997年のちょうど今頃、新入社員だった私は、職場で来客にお茶をいれた。すると、3～4歳上の先輩に呼ばれて注意を受けた。お茶がまずかったからではない。「君の仕事はお茶いれじゃない。給料が高いから、もっと頭を使って仕事して。面白い雑誌を作るのが君の仕事だ」

当時この先輩は「ジェンダー」という言葉を知らなかったと思う。それでも彼の言葉はジェンダー中立だった。このとき、私は自分の仕事が何なのか、肌で理解した。「女の子のいれたお茶はおいしいな」と言われていたら今こういう仕事をしていないだろう。

つまり、上司や先輩、そして夫たちの意識と行動変容こそがカギなのである。

治部れんげ（じぶ・れんげ）

1974年生まれ。一橋大学法学部卒業。著書に『「男女格差後進国」の衝撃』（小学館新書）など。

突破口はトップの決断が開く

女性リーダー「3割」は必須

ジャーナリスト・浜田敬子

2021年になってから「女性」と「数」に関するニュースが相次いでいる。

年明けには丸紅が2024年までに新卒採用に占める女性の比率を4～5割にすると発表。2月、森喜朗・東京五輪パラリンピック大会組織委員会会長の辞任につながる〝森発言〟も、スポーツ庁が示した競技団体の女性理事を40％にする数値目標であり、女性が増えたことを揶揄したものだった。さらに4月に発足した東京大学の新執行部の過半数が女性になったことも反響を呼んだ。

政府が「2030」目標で掲げた、20年の指導的地位における女性比率30％は先送りされたが、組織における多様性の重要性は、さすがに多くの企業で認識されつつある。今後労働力人口が減ることもあり、女性にできるだけ長く働いてもらいたいと、仕事と家庭の両立支援制度の整備も進んだ。歩みは遅いが女性を積極的に管理職に登用し始めた企業も増えてきた。問題はスピードと規模だ。

集団の中で、存在を無視できないグループとなるには一定の数が必要であり、その分岐点を超えたグループは、クリティカルマスと呼ばれる。米ハーバード大学のロザベス・モス・カンター教授の研究では、特定のグループの比率が「15％以下」だと、その人たちは〝お飾り、象徴〟になり、目立つが孤立する苦しみを味わうとされている。「25％」でもまだ〝マイノリティー〟、「35％」を超えて初めて組織の中で公平な機会が得られるようになるという。

つまり役員会など意思決定の場で、過度な心理的プレッシャーを感じずに女性が自分の意見を表明するには、少なくとも3割を占める必要がある。女性登用で組織を活性化させたいなら、女性たちが〝わきまえて〟発言しないのでは意味がない。さまざまな組織でまずは3割とするのにはこうした根拠がある。欧州のグローバル企業では3割すら甘くて、極力、50％に近づけるように目標を設定している企業もある。

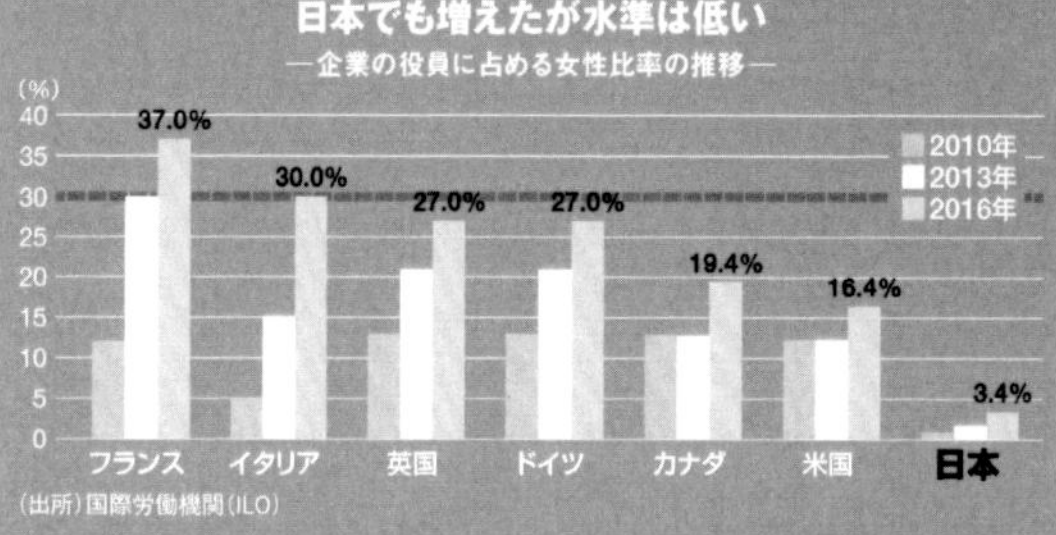
日本でも増えたが水準は低い
―企業の役員に占める女性比率の推移―
(%)
40
35
30
25
20
15
10
5
0
2010年
2013年
2016年
37.0%
30.0%
27.0%
27.0%
19.4%
16.4%
3.4%
フランス
イタリア
英国
ドイツ
カナダ
米国
日本
(出所)国際労働機関(ILO)

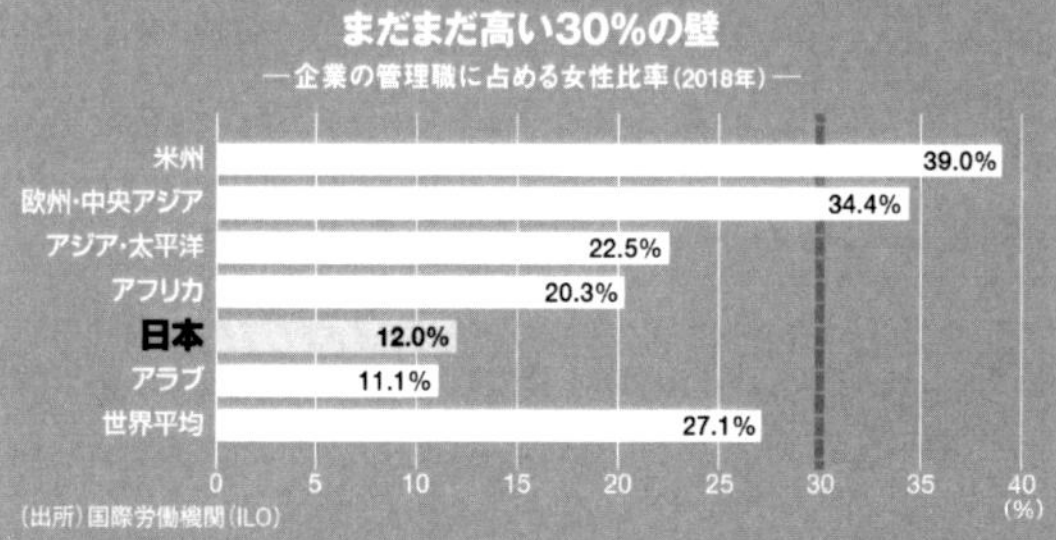
まだまだ高い30%の壁
―企業の管理職に占める女性比率(2018年)―
米州
39.0%
欧州・中央アジア
34.4%
アジア・太平洋
22.5%
アフリカ
20.3%
日本
12.0%
アラブ
11.1%
世界平均
27.1%
0
5
10
15
20
25
30
35
40
(%)
(出所)国際労働機関(ILO)

実際、私が『ＡＥＲＡ』編集長時代、副編集長5人中3人は女性だった。企画会議で積極的に伸び伸びと発言するのは女性で、少数派の男性は萎縮し、会議の場でなかなか発言しづらいと打ち明けられたこともある。数というのはそれだけ言動に影響を与えるのだ。

女性を積極的に採用・登用する際に必ず挙がるのが、「女性優遇」「逆差別だ」「能力で選ぶべき」という批判である。

新卒で女性を半数近く採用すると打ち出した丸紅も、社内外から「性別より能力で選ぶべきでは」という声が上がったという。同社の採用担当者はその意図を『Business Insider Japan』の取材に対してこう語る。「性別による能力差はないわけですから、（エントリーしてくる）母集団に女性を増やして実力ベースで採用すれば、おのずと女性の比率は増えます」。

つまり母集団を増やしてこそ、公正に能力で比較できるという。商社といえば男性の職場という固定イメージで、能力のある女性たちが応募を躊躇しているなら、女性にも門戸を開き機会を与えていることをアピールしなければ、応募者は増えない。採用における女性比率を高めることは、何年後かに管理職候補となる女性の母集団が増える点でも意味がある。

「逆差別」という反論に対しては、そもそも採用や登用に当たって、女性の能力が正当に公正に評価されているのか、と言いたい。18年に発覚した、東京医科大学など複数の医学部入試で女子受験生や浪人生が不当に減点されていた事件を、思い出してほしい。

女性が結婚・出産というライフイベントで長時間働けない、離職する可能性があるという理由で、〝入り口〟で差別されていた医学部の事件。企業の採用や登用でここまであからさまでないにしても、「女性は出産するから」「彼女は子どもがいるから」と候補から外すケースは、本当にゼロといえるか。目に見えない無意識の差別が根強くある限り、意識的に女性の採用や登用を進めることは、逆差別でなく「不平等の是正」なのだ、という認識が必要だろう。

女性登用を阻む要因としては、男性側の「席を奪われる」という〝恐怖〟も大きい。そのポジションに就けるかもしれない、と期待していた男性たちの機会を奪えば、抵抗勢力が出てきても不思議ではない。ジェンダー問題が解決しない背景には、現実として男性のポジション問題が存在する。

ではどうすれば突破口は開けるのだろうか。

2020年春、執行部の改革をした東大では、藤井輝夫総長がこの人事を決めたという。丸紅も採用では柿木真澄社長の強い信念があった。現場のさまざまな抵抗や反論を抑えてでも断行するには、まずはトップの強い意志と実行力だ。トップが決断すれば実行できる。

さらに必要なのは、女性たちへの働きかけである。

企業の経営者層や人事担当者からも、「女性たちが管理職に就くのを躊躇する」という声を聞く。だが躊躇するとしたら、どんな構造問題があるのか。そこまで考えて体制を整えている企業はどのぐらいあるだろうか。

日本IBMは15年から女性の上位職への登用に積極的に取り組んでいる。管理職候補の女性たちに男性役員をスポンサーとしてつけ、リーダーシップを育成した結果、「管理職になりたくない」という女性たちが激減したという。

またリクルートも約10年前から将来の役員候補の女性管理職に向けて研修を実施。リクルート時代にこの研修を受けたウィルラボ（Will Lab）の小安美和代表によると、事業戦略の立て方やクリティカルシンキング、経営視点で考えること、価値観の異なる人たちの合意形成の手法をたたき込まれたという。

「あえて女性だけで研修をする意味は3つ。1つ目は声を上げても大丈夫とマインドセットを変える、2つ目は女性に足りないスキルを教える、3つ目は困ったときに助け合う女性同士のネットワークをつくる」(小安代表)

これまで放置されていた男女間の不平等や格差を是正するには、数値目標を掲げるだけでなく、引き上げた後に差を埋めるためのフォロー体制が必須だ。そうすれば女性たちは自信を持ってより重要な仕事や上位のポジションにチャレンジするようになるだろう。

浜田敬子(はまだ・けいこ)

1966年生まれ。上智大学法学部卒業、朝日新聞社入社。『AERA』編集長、『Business Insider Japan』統括編集長を歴任。

アフリカ・南米でも導入

世界で成果を出すクオータ制

上智大学法学部　教授・三浦まり

政治分野における男女格差を是正するために、女性に一定比率の議席または候補者を割り当てる「クオータ制」。

世界の国と地域のうち、１２９が導入しているが、日本は導入していない。実際にＥＵ諸国では企業役員のクオータ制も実施されている。その効果を導入している諸外国の例から見ていこう。

未導入は少数派

―議員にジェンダーのクオータ制を導入している国・地域―

世界全体で
129の国・地域が
導入している
※国のみだと118

（注）灰色は未導入あるいはデータが存在しない国・地域
（出所）民主主義・選挙支援国際研究所（International IDEA）の「Gender Quotas Database」

まずはクオータ制の歴史を紹介する。そもそもクオータ（quota）とは「割り当て」という意味で、「4分の1」を示すクオーター（quarter）とは別物。先駆けとなったのは北欧諸国で、1975年にノルウェーの中道左派政党が導入したのが最初。世界的に見て、基本理念に「平等」を掲げる中道左派政党や緑の党はクオータ制に理解があるが、保守政党に多い男性優位主義的な思想とは相いれない傾向がある。

国が法制化して導入したのは1991年のアルゼンチンが嚆矢（こうし）だ。これをきっかけに、当時民主化運動が盛んだったラテンアメリカ諸国に一気に広がった。フランスも2000年に「パリテ法」が成立。選挙の際、男女半々で候補者を立てる仕組みを法制化し、現在は下院の4割が女性議員である。結果、生理用品が大幅に減税されるなど、女性や子どもに関する政策の優先度が上がった。

導入国の共通点

クオータ制を導入している国を見ると、南米、アフリカ、中東諸国など、女性の社会的な地位が低いとされる地域が含まれていることを意外に思うかもしれない。

共通するのはこれらが1980年代以降に民主化した国であることだ。新しい国づくりの中にジェンダー平等が組み込まれ、憲法や法律に基づいたクオータ制を導入しやすかった。女性運動が政治的な影響力を持っているのも特徴だ。

未導入国は少数派。日本の場合は保守政党の自民党が長く政権を握り、政権交代を通じた議会構成員の刷新が起きにくいこと、2000年代以降にバックラッシュ（ジェンダー平等への反対運動）が起きたことも未導入の原因だ。

主要な民主主義国家の中では米国が未導入だが、各党が選挙区ごとに実施する予備選挙に勝った人が小選挙区選挙の候補者になるため、制度上クオータ制を導入することが難しいからだ。一方、民主党では、党内人事で男女比率を半々にする取り組みが進んでいる。

クオータ制を導入したからといって女性議員が急増するとは限らない。強制力は国によって濃淡がある。最も強力なのがメキシコである。02年に女性議員の候補者を3割とすることが義務化された後、2008年に4割、14年に5割と、段階的に比率を上げていった。現在では5割に準拠していない候補者名簿は、選挙管理委員会が受理しない。結果、20年時点の女性議員は、5割近くに上る。

政党による〝裏工作〟も

もっとも、男性政治家たちが最初から聞き分けよく、女性に権力の座を明け渡したわけではない。メキシコでは立候補の際に代理人を指定する仕組みがある。そこで起きたのが、名簿の上では候補者の5割を女性にするが、当選すると女性をすぐに辞任させ、代わりに男性の代理人が当選する、というやり口だ。ただ、これには女性団体が「当初の趣旨と異なる」と猛抗議し、どんどん強制力が強く、抜け道がない制度になった。

政治の世界でクオータ制が導入されると、経済界にも波及する。例えば、アイスランドでは、企業の女性役員のクオータ制が法制化されている。

ノルウェーは2007年、上場企業の取締役におけるクオータ制を初めて法制化し、女性が4割と定めた。ほかにも、アイスランド、イタリア、フランス、ドイツなどに同様の法律が存在する。

EUでは企業役員へのクオータ制導入が進む —主な役員クオータ制の導入国—

国・地域名	制定年	内容	罰則規定
ノルウェー	2003	取締役の人数に応じて男女を割り当てる※	罰金。裁判所命令により企業の解散が可能
スペイン	2007	男女各4割以上	なし
イタリア	2011	男女各3.3割以上	段階的な警告で、罰金や役員の地位喪失も
オランダ	2011	男女各3割以上	なし（達成できなかった場合は理由を説明）
フランス	2011	14年までに男女各3.3割、17年までに4割以上	役員指名の結果が無効
ドイツ	2021	大規模な上場企業に1人以上の女性取締役	達成できなかった理由と達成のための措置を公表
EU	検討中	社外取締役に占める女性比率を4割以上	—

（注）※10人以上なら男女各4割以上など。上記はEUで役員クオータ制を導入する国の一部　（出所）「男女共同参画白書」（内閣府）

クオータ制には否定的な意見もある。多いのが「男性への逆差別ではないか」という指摘だが、それは誤解に基づくものだ。女性が一定の職位以上に就けないことを〝ガラスの天井〟というが、男性の場合は〝ガラスの下駄〟を履いている。家事や育児、介護などケア労働の負担を抱える女性にはいくつものハードルを乗り越える必要があり、こうしたハードルなく直進してきた男性とギャップがあるのは当然。それをクオータ制で可視化することに意義がある。

関連して、「数合わせで女性を登用したら組織の質が低下する」という意見もあるが、こと政治の世界では正反対の現状となっている。各界から優秀な政治家が集まってくるのである。女性は無謀な挑戦を避ける傾向があるが、クオータ制があれば当選しやすくなり、彼女たちの背中を押すことにもつながっている。

クオータ制により能力が劣った女性を無理やり登用していると感じるのは、本心では変わる気はないのに外圧などで仕方なくクオータ制を実施するという、誤った使い方をしているからだ。数値目標を掲げると同時に、女性にとって不利なルールを取り除く環境整備を行い、キャリア形成の機会を男性と同様に与える必要がある。

企業の場合は、10年近くは過渡期と捉え、環境整備と組織文化の刷新に集中的に取り組む覚悟が要るだろう。社内でハレーションも起こるだろうが、何のために組織変革を起こすのかの目的を見失わないことが大事だ。

日本政府は、20年代の早期に指導的な地位に立つ女性の割合を3割にすると表明し、経団連も30年までに女性役員を3割にすると初めて数値目標を掲げた。クオータ制ほどの強制力はないからこそ、トップの本気度が問われている。目標としては達成までの期間も3割という数値も現実的なもので、逆にいえば必ず達成しないといけない目標である。

たとえ縛りが緩くても目標がない限り実情は変化しない。意思決定層の多くを占める50代以上の男性が、どこまで目標達成の意欲を持てるかが、成否を左右する。

三浦まり（みうら・まり）
1967年生まれ。米カリフォルニア大学バークレー校政治学博士課程修了。政治学博士。専攻はジェンダーと政治、福祉国家論。

「森発言」にハッとしたすべての男たちへ

男性学が明かす、男のつらさ

大正大学 准教授・田中俊之

「男は仕事、女は家庭」という、性別役割分業が根強く残る今の日本社会は、女だけでなく男にとっても生きにくい。男ならではのジェンダー問題に着目した、「男性学」の視点から、男のつらさを読み解いていこう。

2月に森喜朗・元東京五輪・パラリンピック大会組織委員会会長が女性蔑視発言をして以来、ジェンダー平等に対する社会の意識が一段と高まっている。今の流れはSNS上での「(ハッシュタグ) MeToo運動」に端を発する。これまでは問題視されなかったような性差別的言動に対して、女性の側から異議申し立てがなされ、社会全体で共有された意義は大きい。

かといって、多くの男性が心の底から、ジェンダー問題に納得しているとは思わない。危機管理上、しっかり対策すべきだ、という意識は持つようになったかもしれないが、内心「何が悪いんだろう」と思っている人は多いはずだ。

だから日本のジェンダーギャップ指数はなかなか改善されない。働く女性は増えているのに、出産を機に女性が仕事を辞めたり、正社員でも男女で賃金格差があったりする状況は続く。そして、仕事中心の生活でキャリアを積むことができた男性は、森発言のように女性を軽く見るようになる。

こうした女性軽視に基づくジェンダー格差を解消するために有効なこととは何か。

1つの方法が、家庭の責任を負わない人だけが活躍できる、長時間労働を前提にした働き方を改めることだ。

が、先進的な取り組みをしている企業ですら、労働時間の削減を求めると社内の男性から、「なぜたくさん働いてはいけないのか」「なぜ女性に配慮しなくてはいけないのか」との声が聞こえてくるという。結局、ジェンダー平等は男性にとって、「ひとごと」なのだ。

最近、男性比率の高い企業から私の元に「ジェンダーについて基礎から解説してくれ」と依頼の来る機会が増えてきたが、こうした研修の場でも同様の〝ひとごと感〟を強く感じる。ジェンダー平等は女性の問題で、何が課題かわからない、そもそも関心がない――。これが日本企業の実態だろう。

競争し続ける人生

男性が自分とは関係ないと感じてしまうのは、小さい頃から競争に勝つことを至上命令として育てられるからだ。いい学校、いい会社に入って、できるだけ出世する。そのためには自分が他者に比べて競争で優位に立つことを示さなくてはいけない。

こうした価値観の下で働く男性が「長時間労働はやめて仕事と家庭を両立させましょう」と言われても、自分にはさまつな問題に思えてしまう。実際、家では、妻が家事・育児をやってくれているし……と。「イクメン」を名乗る男性ですら、育児はやるが仕事には支障を来さない範囲で、という人は珍しくない。

専業主婦家庭が一般的だった今の60代以上に至っては、自分がキャリアを積み続けている間に、同期の女性や後輩、自分の妻も結婚や妊娠・出産で仕事を辞めていったのを見てきたから、「女性は仕事を辞めるもの」と認識するのは仕方がない。だからといって、「(女性を軽視しても)許してくれ」という言い訳は通用しない。

実感が持てない世代でも問題について理解している人はいる。私が研究の一環でお話を伺ったある企業の元幹部男性はこう語った。「あるときから、子どもの行事を理由に、仕事を休む男性社員が出てきた。最初は『家庭の都合で男が仕事に穴をあけるなんて非常識だ』と感じていたが、同様の社員が何人も出ると、世の中の変化を自覚した。なぜ、自分は子どもの授業参観にも運動会にも参加しなかったのだろうと後悔し、仕事中心だった自分の人生を問い直すようになった」と。

裏を返せば、彼は、自らの現役時代には仕事中心の生活に疑問を抱かなかった。私が定年退職者や現役の中高年男性へのインタビュー調査を重ねた結果わかったのは、男性たちは仕事中心の人生が幸か不幸かという価値観自体を持ち合わせていないということだ。「満員電車に乗り、ネクタイを締めて通勤する毎日は、つらくないのですか」。そう聞くと「もう仕方がないんだ」という答えが返ってくる。感覚をマヒさせ、なぜこの仕事をすべきなのかさえ、考えないようにしてきたのだと思う。

つまり、反省的な思考をやめて初めて、40年間、週50~60時間、1日10時間、仕事をし続けることができるというわけだ。性別役割分業をうまく回すための仕組みの1つといえる。そして、ここから逸脱した「働かない／働けない男性」は、社会から奇異な目で見られることになる。

仕事中心の生活の何が問題かわからない、という人にはこんな例え話をしている。ビックカメラのポイントカードをヤマダデンキで出して「買い物をさせろ」と言っても当然できない。一方で、会社でためたポイントを、家庭や地域で使おうとしてしまう男性は多い。妻や子どもに「誰に食べさせてもらっていると思っているんだ」と威張ったり、地域活動で「○○社の元部長です」と自己紹介したりするのが典型例だが、うっとうしがられるだけだ。会社員として働いているだけで「社会全体」に参加していると勘違いするから、こうした発言が出る。

勘違いをした男性は、退職して会社という居場所を失った途端、家庭にも地域にも居場所をなくして、孤独になっていく。これを回避するためにも、家庭や地域で使えるポイントを、現役時代からためておく必要がある。

女性のジェンダー問題があるのと同様、男性にも男性特有のジェンダーの縛りがある。そう指摘すると「いや、女のほうがつらいんだ」「男性優位の社会では男のつらさなどそもそも存在しない」といった意見も出てくるが、見過ごしてはいけない。

男性が仕事中心の生活を送らざるをえないことと、女性が社会で活躍できないこととは、表裏一体の関係にある。男性に〝自分ごと〟としてジェンダー格差の問題を理解してもらうためには、「男という性別があなたを苦しめているのだから、その原因であるジェンダー不平等の解消に、主体性を持って取り組まなくてはいけない」というロジックで訴えかけていく必要がある。

（構成・印南志帆）

田中俊之（たなか・としゆき）

1975年生まれ。武蔵大学大学院博士課程単位取得退学。大正大学心理社会学部人間科学科准教授。博士（社会学）。男性としてのジェンダーを社会学的に研究する男性学の専門家。

INTERVIEW

「女性を無駄遣いする国は、ゆっくり二流に墜ちていく」

社会学者・上野千鶴子

女性活躍、輝く女性——。こうした国や企業の掛け声の下、急速に進んだ女性の社会進出。しかし、それによって、ジェンダー平等社会は実現したのか。社会学者でジェンダー研究のパイオニア、上野千鶴子氏に聞いた。

——1985年の「男女雇用機会均等法」成立以降、女性の職場進出は進みました。以来36年。働く女性の地位は上がりましたか。

上がっていない。均等法に男女差別を是正する実効性がないというのが、専門家の共通見解だ。

均等法の施行後、企業は雇用における女性差別を、総合職と一般職という、コース別人事管理制度を導入する〝雇用区分差別〟に置き換えることで切り抜けた。つまり、前者は100%近く男性プラスわずかな数の女性、後者は100%女性が就職するように仕向け、実態をほとんど変えることなく「機会均等」を実現した。

そして長びく平成不況の間に一般職は解体され、彼女たちは不安定な非正規労働者に置き換えられていく。そして非正規職は、均等法の対象にならない。

ネオリベラリズム政策を掲げる安倍晋三政権の下で、労働力減少対策として女性の雇用がぐんと拡大し、生産年齢人口の女性の就労率はEUや米国を抜き7割まで高まった。しかし内訳を見てみると、働く女性の約6割は非正規。均等法はできたけれど、増えたのはその対象にならない女性ばかりだった、というわけだ。

女性だけにシワ寄せ

——育児と仕事を両立させる、「ワーキングマザー」が一般化しましたが、彼女らの毎日は過酷です。

その理由はハッキリしている。1991年に育児休業法が成立すると、出産後も就労を継続する女性が増えた。今や該当者の女性の9割が育休を取得している。フルタイムで働く子持ち女性が、何を犠牲にしているかというと、自分の時間資源だ。結果、家事労働を含めた女性の総労働時間は、どんどん増えている。ネオリベラリズム改革において、女性の労働力化は必須。「産め、育てろ、働け」の要請に応える女性を、研究者の三浦まりさんは「ネオリベラリズム的母性」と呼んでいる。

諸外国でも女性の労働力化は進んでいるが、女性だけが負担を一身に受けてはいない。育児というケア労働をアウトソーシングする仕組みをつくったからだ。その1つが公共化、2つ目が市場化だ。

ケアの公共化によって、子どもは待機児童にならずに全員が保育園に入ることができる。その引き換えに、所得税や消費税など、非常に高い国民負担率を引き受ける必要がある。いわゆる、北欧の福祉先進国モデルだ。

ケアの市場化とは、ベビーシッターや家事使用人として安価な労働者を雇用すること。供給源は移民労働者だ。米国やシンガポールはこの市場化が進んでいる。

対して日本では、2つのオプションのどちらも使えない。日本社会は消費増税に否定的であり、外国人労働者に依存せざるをえない実態がありながら、長期的な移民政策すらない。そこで女性にすべてのシワ寄せが来る。

外国でスピーチをするとき、私がこう言うと、皆さんが非常に納得してくれる。「日本の女性の地位はなぜ低いか。それはあなた方の社会にある選択肢が日本の女性にはないからだ。労働市場において、ジェンダーが人種と階級の機能的代替物になっているのだ」と。

——ワーママは社内で〝二軍〟に下り、多くは男性と同じ出世ルートに乗れません。

育休明けのワーキングマザーを待ち受けているのは「配慮」という名の差別だ。ジェンダー研究者はこれに「マミートラック」という概念を用意している。

会社側は、女性社員が妊娠したら、「この人は自分の優先順位を仕事から私生活にシフトさせた」と判定する。戦力外通告だ。それにより、女性の働く意欲は大幅に低下し、企業にとっても損失をもたらす。これこそが経済学でいうところの「外部不経済」。女性の能力を無駄遣いしている。

――海外の機関投資家がESG投資の一環として、女性役員の登用を企業に要求し、最近は女性役員が増えています。

「外圧」による変化だ。動機づけが内発的ではない。いかなる組織も内発的な動機づけがなければ変革は起きない。現状維持で何も問題がないと感じていたら、あえて変化を起こす必要がないから。

問題は、現状維持のままだと日本全体がジリ貧になっていく、ということ。変わらなくては現状維持さえ難しいのに、それを当事者たちがわかっていない。すでに海外企業と日本企業とで利益率は1桁違う。労働者の生産性はあれよあれよという間に下がって、OECD(経済協力開発機構)諸国の中でほぼ最下位だ。

――いつまで現状維持でいいと言い続けられるでしょう。

最終的には市場の判断が下るだろう。企業は3つの市場で闘わなければならない。消費市場、金融市場、労働市場だ。消費市場は多様性と地域性があるため、きめ細かに対応する必要がある。そこに、ホモソーシャルな(同性同士が連帯した)同質のオジサン集団が対応するか、それとも女性を含めた多様な人材が対応するかで、パフォーマンスが変わるだろう。

金融市場では投資家にとって魅力的な企業、すなわち利益率が高い企業に資金が集まる。

そして労働市場。優秀な女性は優秀な男性を選び、優秀な男性もだんだん優秀な女性を選ぶようになってきた。何をもって優秀かというと、男性が配偶者を選ぶ基準の中で「稼得力」が重視されてきている。専業主婦ではなく、稼げる女性と結婚したい。男も女も共働きができる働きやすい職場を選ぶ。男女平等型の企業には優秀な男女が集まってくる。

こうなると、差別型企業にとっては不都合だ。広域転勤があって、妻が仕事を辞めて地方や海外に帯同しなければならない――そんな企業は、労働者からノーを突きつけられる。日本のブランド企業のほとんどは差別型企業だから、最終的には〝巨艦沈没〟の可能性がある。彼らが本当に危機を感じたときには、もしかしたら手遅れかもしれない。現状維持のためにすら変わらなくてはならない。それを、なぜ、経営者はわからないのか、と私は思う。
そうこうしているうちに、日本は二流国への道をゆっくり歩んでいる。女性にシワ寄せが来る中で、当然出生率は下がる。日本と極めて似た状況にあるのが韓国で、合計特殊出生率は0・84まで下落。日本は2020年1・36だったが、韓国並みになるのもそう遠くはない。

（聞き手・印南志帆）

上野千鶴子（うえの・ちづこ）
1948年生まれ。京都大学大学院修了（社会学博士）。東京大学名誉教授。認定NPO法人ウィメンズアクションネットワーク（WAN）理事長。女性学・ジェンダー研究のパイオニア。著書に『家父長制と資本制』（岩波現代文庫）、『女ぎらい』（朝日文庫）、『在宅ひとり死のススメ』（文春新書）など多数。

【週刊東洋経済】

本書は、東洋経済新報社『週刊東洋経済』2021年6月12日号より抜粋、加筆修正のうえ制作しています。この記事が完全収録された底本をはじめ、雑誌バックナンバーは小社ホームページからもお求めいただけます。

小社では、『週刊東洋経済eビジネス新書』シリーズをはじめ、このほかにも多数の電子書籍ラインナップをそろえております。ぜひストアにて「東洋経済」で検索してみてください。

『週刊東洋経済eビジネス新書』シリーズ

No.356　鉄道・航空の惨状

No.357　がん治療の正解

No.358　事業承継 M&A

No.359　テスラの実力

No.360　定年消滅

No.361　激動の半導体
No.362　不動産　勝者と敗者
No.363　弁護士業界　最前線
No.364　ＹｏｕＴｕｂｅの極意
No.365　デジタル大国　中国
No.366　地銀　大再編
No.367　おうちで稼ぐ！
No.368　老後マネーの育て方
No.369　製薬　大リストラ
No.370　リスクシナリオ　２０２１
No.371　富裕層マル秘マネー学
No.372　コロナ時代の新住宅事情
No.373　日立・三菱重工の岐路
No.374　脱炭素サバイバル

No.375　郵政崩壊
No.376　脱・ストレスの処方箋
No.377　働き方と経営の法律
No.378　コロナ倒産危機
No.379　車載半導体　争奪戦
No.380　マルクス　vs．ケインズ
No.381　医療テック最前線
No.382　漂流する東芝
No.383　不動産投資　光と影
No.384　コンサル全解明
No.385　大転換の商社ビジネス

週刊東洋経済eビジネス新書　No.386
会社とジェンダー

【本誌（底本）】
編集局　大野和幸、印南志帆、長瀧菜摘
デザイン　熊谷直美、杉山未記、伊藤佳奈
進行管理　下村　恵
発行日　2021年6月12日

【電子版】
編集制作　塚田由紀夫、長谷川　隆
デザイン　市川和代
表紙写真　世界経済フォーラム「Global Gender Gap Report 2021」
制作協力　丸井工文社

発行日　2022年3月3日　Ver.1

発行所　〒103-8345
東京都中央区日本橋本石町1-2-1
東洋経済新報社
電話　東洋経済コールセンター
03(6386)1040
https://toyokeizai.net/

発行人　駒橋憲一

電子書籍化に際しては、仕様上の都合などにより適宜編集を加えています。登場人物に関する情報、価格、為替レートなどは、特に記載のない限り底本編集当時のものです。一部の漢字を簡易慣用字体やかなで表記している場合があります。本書は縦書きでレイアウトしています。ご覧になる機種により表示に差が生じることがあります。

本書に掲載している記事、写真、図表、データ等は、著作権法や不正競争防止法をはじめとする各種法律で保護されています。当社の許諾を得ることなく、本誌の全部または一部を、複製、翻案、公衆送信する等の利用はできません。

もしこれらに違反した場合、たとえそれが軽微な利用であったとしても、当社の利益を不当に害する行為として損害賠償その他の法的措置を講ずることがありますのでご注意ください。本誌の利用をご希望の場合は、事前に当社（TEL：03－6386－1040もしくは当社ホームページの「転載申請入力フォーム」）までお問い合わせください。

※本刊行物は、電子書籍版に基づいてプリントオンデマンド版として作成されたものです。